IGUALDADE

Título original:
Igualdade

Este trabalho é financiado por Fundos Nacionais através da FCT – Fundação para a Ciência e a Tecnologia no âmbito do projeto UIDP/00183/2020

Revisão: Joana Camões Pereira

Capa:
Joana Carvalho

Depósito Legal nº ....

ISBN
978-972-44-2790-4

Paginação:
Aresta Criativa – Artes Gráficas

Impressão e acabamento:
???????

para
EDIÇÕES 70
janeiro 2024

EDIÇÕES 70, uma chancela de Edições Almedina, S.A.
Avenida Emídio Navarro, 81, 3D
3000-151 Coimbra
e-mail: editoras@grupoalmedina.net

Filosofia & Valores

IGUALDADE

Devon Cass

70

Para a Rita

Índice

Agradecimentos

Este livro foi elaborado durante a minha estada como investigador pós-doutoral na Universidade Nova de Lisboa, ao abrigo do projeto «Democracia Presente para Gerações Futuras», acolhido pelo IFILNOVA (Instituto de Filosofia da Nova) na Faculdade de Ciências Sociais e Humanas da Universidade Nova de Lisboa. Gostaria de agradecer à Fundação para a Ciência e a Tecnologia pelo financiamento, quer no âmbito da unidade de investigação (ref. UIDB/00183/2020 e UIDP/00183/2020), quer no âmbito deste projeto (ref. PTDC/FER-FIL/6088/2020), assim como ao investigador responsável pelo projeto, André Santos Campos, pela sua mentoria.

Partes deste livro derivaram da minha tese de doutoramento, defendida em 2021, e por isso gostaria de agradecer também ao meu orientador, Philip Pettit, assim como aos meus colegas e amigos da Australian National University. Gostaria de agradecer ao Jorge, Nela, Pepa, Rita e Riscas Gonçalves pelo apoio e hospitalidade. Por fim, agradecimentos especiais são devidos a José Pereira, que providenciou a tradução portuguesa deste trabalho, e a Manuel Sá Valente, que reviu atentamente a versão final do texto.

Introdução

Há não muito tempo, Ronald Dworkin — famoso filósofo político e do direito — afirmou que a igualdade se tinha tornado «a espécie em vias de extinção dos ideais políticos», tanto na política quanto no pensamento político.[1] O mesmo não se verifica hoje. A igualdade — entendida de uma forma ou de outra — tem estado no centro de vários debates e reivindicações sociais e políticas: desde a luta pela legalização do casamento entre pessoas do mesmo sexo até à defesa dos direitos de pessoas LGBTQ+ e à ação de movimentos como o *Black Lives Matter* e o *#MeToo*. Em Portugal, encontramos a mesma preocupação, por exemplo, em iniciativas como a conhecida «Geração à Rasca». Ao mesmo tempo, teorias igualitárias da justiça — de estirpes variadas — têm assumido uma posição preeminente nas discussões académicas nas áreas da filosofia, política e direito, entre outras.

---

[1] Dworkin, *Sovereign Virtue: The Theory and Practice of Equality*, 1.

No entanto, a igualdade ainda encontra oponentes, e nem todos estão convencidos da sua real importância. É uma posição popular hoje em dia, por exemplo, sugerir-se que a preocupação com a igualdade ignora importantes diferenças entre as pessoas, e, por essa razão, dever-nos-íamos antes preocupar com a *equidade*.

Atente na seguinte conhecida imagem:[2]

A imagem sugere que, ao focarmo-nos na igualdade — aqui entendida como dar a cada pessoa o mesmo (neste caso, uma caixa que sirva de apoio) —, não

---

[2] Adaptação de imagem disponibilizada para fins comerciais pelo Institute For Social Change. Obtida através de https://interaction-institute.org/illustrating-equality-vs-equity/ em 12 de maio de 2023.

obtemos um resultado justo; isto é, uma situação em que todos consigam ver o jogo. Como as pessoas têm alturas diferentes, a solução justa parece ser proporcionar-lhes um tratamento *diferente*, não *igual*, para compensar as diferenças naturais entre elas. A preocupação com a «igualdade» não é sensível a estas diferenças, mas uma preocupação com a «equidade» seria — ou, pelo menos, assim a imagem sugere.

Há aqui uma ideia útil, mas não devemos abandonar tão cedo a igualdade em favor de um outro valor, nomeadamente, a «equidade», porque, na verdade, logo que perguntamos o que é a *equidade*, a noção de igualdade surge de imediato. O que é atrativo na ideia de «equidade» representada no exemplo acima é precisamente o facto de esta conferir às pessoas *igual* capacidade para ver o jogo. A lição a tirar é, então, a seguinte: é preciso ter claro o *tipo* de igualdade que importa. E será este o foco do nosso livro: a igualdade importa, indubitavelmente, de *alguma* maneira; talvez importe, até, de mais do que uma maneira. Mas, sendo isto verdade, precisamos de ser cuidadosos e precisos ao identificar que tipo(s) de igualdade importa(m), e porquê.

Não obstante o exemplo anterior das caixas ser uma ilustração clara do problema, existem muitos exemplos reais que apresentam características semelhantes. Note-se, por exemplo, como indivíduos paraplégicos precisam de mais ou diferentes recursos (*v. g.*, cadeiras de rodas, rampas, elevadores adequados, entre outros) para que disponham de uma capacidade de movimento semelhante à das outras pessoas. Se a igualdade importa, então o modo como a entendemos — recursos iguais para cada pessoa ou igual capacidade de movimento, por exemplo — terá implicações muito diferentes. A problemática aqui subjacente pode ser formulada por meio de uma questão — «igualdade de quê?» (expressão cunhada pelo filósofo e economista galardoado com o Prémio Nobel, Amartya Sen). Como veremos nos próximos capítulos, este problema tem sido objeto de grande atenção, e várias teorias políticas têm sido desenvolvidas para tentar resolvê-lo.

O problema não é simples, já que, como foi indicado acima, existem muitos tipos de igualdade. Na maioria dos casos, as questões de igualdade são pensadas em termos económicos. No entanto, pensando apenas segundo esta linha, não conseguimos compreender de verdade a natureza da preocupação igualitária. Consideremos os movimentos sociais mencionados anteriormente. Por exemplo, a luta pelo casamento entre pessoas do mesmo sexo não tem sido sobretudo acerca de os casais do mesmo sexo se encontrarem numa situação económica menos vantajosa do que a média. A questão fundamental é, em vez disso, a desigualdade de estatuto entre casais de pessoas do mesmo sexo e casais de pessoas de sexos diferentes, que se reflete de várias formas na sociedade. Mesmo que uma pessoa homossexual não se queira casar, ela poderá contestar, enquanto reivindicação de justiça, a diminuição que lhe é infligida ao ser-lhe negada tal possibilidade. Atentando num outro exemplo: apesar da importância que a desigualdade económica entre negros e brancos tem para o movimento *Black Lives Matter*, considerar este o único assunto relevante camuflaria a natureza do problema na sua totalidade. Até os mais ricos (ou felizes) americanos negros poderão, com legitimidade, apontar como injusto serem desproporcionalmente sujeitos a operações *stop* ou serem discriminados de qualquer outra forma. O movimento *Occupy*, por seu lado, poderá ser pensado principalmente da perspetiva económica, já que a sua mais preeminente queixa era dirigida à distribuição da riqueza. Mas isto parece ser uma simplificação, pois também o poder e influência política desmedida dos mais ricos era alvo de crítica.

Como vemos, e continuando a explorar a metáfora de Dworkin, a igualdade já não parece ser uma espécie em perigo. É, no entanto, uma espécie elusiva. Parece até existir mais do que uma espécie de igualdade merecedora da nossa atenção. Com efeito, não nos preocupamos apenas com a igualdade *económica* ou com a distribuição de bens como recursos ou bem-estar. Procuramos também (e talvez até *fundamentalmente*) eliminar formas de hierarquia social e garantir que todos têm igual estatuto como cidadãos. Estas observações exigem, no entanto, uma examinação mais cuidada.

Precisamos de uma caracterização mais pormenorizada do tipo de igualdade que importa, e a sua importância precisa de ser justificada.

O objetivo deste livro é oferecer uma introdução ao debate filosófico sobre o valor da igualdade e as teorias da justiça, apoiando-me no cânone da filosofia política, mas dando maior enfoque à mais recente literatura contemporânea. Antes de avançar, gostaria de introduzir uma breve nota sobre o tema em questão e o método que seguirei.

O que são exatamente teorias de justiça social? E como chegamos a estas teorias? As teorias de justiça social lidam com as questões da distribuição dos benefícios e sacrifícios pelos vários membros da sociedade e da definição das instituições fundamentais da sociedade — por exemplo, o sistema jurídico e o económico. Mais especificamente, procura-se a resposta para questões como estas: que direitos e oportunidades devem as pessoas ter? Como devem o rendimento e a riqueza ser distribuídos? Que tipo de liberdade deve ser garantida às pessoas? E, claro, a questão a que procuraremos responder aqui: de que forma(s) devem as pessoas ser iguais entre si? Estas questões diferem de outros assuntos que também envolvem a ideia de justiça. A justiça *retributiva*, por exemplo, que trata a forma apropriada de estabelecer punições por vários crimes, não obstante a sua importância, pode ser separada da ideia de justiça *social, ou distributiva.*

Mas como se processa a teorização sobre justiça social? Ao tentar responder às questões que a justiça social nos apresenta, é provável que apelemos a uma série de outras preocupações ou valores, como a liberdade, a retidão ou a igualdade. Construir uma teoria acerca da justiça social requer, segundo a abordagem que sigo, chegar aos princípios que melhor explicam uma série de apreciações sobre casos determinados, oferecendo uma perspetiva sistemática sobre como distribuir benefícios e sacrifícios pelos membros da sociedade, e como desenhar as suas instituições fundamentais. Um leitor atento poderá, neste ponto, levantar a seguinte questão: «Mas não é tudo isto subjetivo?» Não são as apreciações que fazemos sobre justiça social, em última análise, meras opiniões? Se de facto é assim, como podemos nós chegar a uma teoria da justiça que possa ser verdadeira para pessoas com diferentes opiniões? Como resposta, digo que não tentarei provar que a justiça e a moral são objetivas no sentido em que possam existir factos sobre a justiça e a moral «algures» à espera de ser descobertos, como factos objetivos sobre física e química. Tal empreitada exigiria um outro livro, muito diferente deste.

O que sugerirei, em vez disso, é que, mesmo que aceitemos (para os propósitos desta discussão) que apreciações sobre justiça social são, em certo sentido, «subjetivas», o facto de algumas destas serem veementemente partilhadas por muitos de nós é relevante.

Considere a apreciação de que «a escravatura é injusta». Esta é uma apreciação bastante diferente, digamos, de uma apreciação do tipo «chocolate é o melhor sabor de gelado». Duas pessoas conseguem reconhecer, sem muito conflito, que simplesmente discordam sobre qual o melhor sabor de gelado. Mas, se alguém afirma que «a escravatura não é injusta», é bastante menos provável que respondamos dizendo «bem, essa é a tua opinião e tens direito a tê-la». É bastante mais provável que digamos: «Estás errada! A escravatura é injusta.» Isto sugere, então, que a apreciação de que a escravatura é injusta é como que um ponto fixo ou «dado» do nosso pensamento sobre a justiça. É partilhado por muitos e inabalável.

Muitos assuntos são, é verdade, bastante menos claros. Se não fossem, não precisaríamos de filosofia política, ou, pelo menos, esta seria menos importante. As questões sobre justiça social são difíceis de responder, e pessoas sensíveis e inteligentes podem, de forma razoável, defender uma série de respostas incompatíveis entre si. É por isso que precisamos de teorias da justiça: para obter algum tipo de orientação acerca de questões que não são óbvias ou de fácil resolução. Podemos descrever, então, o método da filosofia política como um processo através do qual examinamos vários princípios que oferecem explicações para a nossa defesa de certas apreciações (os «pontos fixos» ou «dados») e, partindo das implicações destes princípios, usamo-los para investigar casos menos claros. Seguindo uma perspetiva semelhante, John Rawls, influente filósofo do século XX, sugere o método do «equilíbrio reflexivo», que consiste num movimento recíproco entre as nossas apreciações mais bem fundamentadas sobre casos particulares e os princípios normativos abstratos, fazendo ajustes, quando necessário, para chegar a uma teoria coerente e sistemática.[3]

O plano do livro é o seguinte. No primeiro capítulo, farei uma distinção entre o que designo como noções de igualdade «abstrata» e «substantiva». Distinguirei três noções de igualdade abstrata, incluindo a «igualdade formal» (a ideia de tratar casos semelhantes como tais), a «igualdade moral» (a ideia de que todas as pessoas têm o mesmo valor moral) e a «igualdade expressiva» (a ideia de que o Estado deve expressar igual preocupação e respeito por todos os cidadãos). De seguida, examinarei uma série de influentes teorias da justiça — libertarismo, utilitarismo, a teoria de John Rawls, entre outras —, mostrando que estas satisfazem os requisitos morais abstratos. Introduzirei, depois, uma distinção entre dois conceitos substantivos de igualdade distributiva e igualdade social, sugerindo algumas razões pelas quais a segunda é particularmente atrativa.

---

[3] Rawls, *A Theory of Justice*. Existe uma tradução portuguesa desta obra: Rawls, *Uma Teoria da Justiça*, trad. de Carlos Pinto Correia, Lisboa, Editorial Presença, 2001.

No segundo capítulo, explorarei a natureza da igualdade social, distinguindo duas abordagens, a *interpessoal* e a *institucional*. A abordagem interpessoal caracteriza a igualdade social segundo tipos de atitudes interpessoais e disposições. A abordagem institucional caracteriza a igualdade social segundo o estatuto partilhado pelas pessoas, enquanto cidadãos considerados iguais perante as instituições sociais, políticas e jurídicas. Argumentarei em favor da abordagem institucional.

No terceiro capítulo, examinarei a importância da igualdade social, avaliando diferentes propostas para a sua definição. A primeira sugestão é que podemos explicar a importância da igualdade social por referência ao seu valor *pessoal*, ou seja, ao facto de tornar as vidas das pessoas melhores; a segunda é que a igualdade social tem valor *impessoal*, ou seja, tem um valor que é independente do facto de melhorar as vidas das pessoas; e a terceira é que considerar a igualdade social um requisito da justiça não depende da sua contribuição em termos de valor pessoal ou impessoal. Defenderei que esta última perspetiva é necessária.

No quarto capítulo, mencionarei uma série de outros tópicos que devem ser desenvolvidos para melhor compreender a relação entre igualdade e justiça. Discutirei, em particular, três assuntos que envolvem igualdade e tempo. O primeiro levar-nos-á à questão da aplicação «diacrónica» ou «sincrónica» dos princípios da justiça, isto é, tomando as vidas das pessoas na sua totalidade ou considerando momentos particulares. O segundo concerne a questões sobre igualdade entre *grupos etários*, como crianças, adultos e idosos. O terceiro explora a interseção entre igualdade e as *gerações futuras*. Por fim, a conclusão oferecerá um resumo do material discutido no livro.

1

Igualdade e teorias da justiça

Vimos na Introdução que a tese de que a justiça exige igualdade requer uma explicação mais pormenorizada. Neste capítulo, começarei por identificar algumas conceções básicas, apesar de abstratas, segundo as quais a igualdade é tida como importante. De seguida, identificarei um conjunto de teorias presentes no cânone da história da filosofia política e mostrarei como estas oferecem diferentes formas de preencher esses requisitos igualitários abstratos. Estas perspetivas são, na sua maioria, contemporâneas, tendo sido desenvolvidas nas últimas décadas. Mas algumas são produto do trabalho de filósofos de séculos mais distantes, como John Locke (1632–1704) e John Stuart Mill (1806–1873).

Apesar dos requisitos igualitários que identificarei como sendo importantes, constataremos que estes não estão associados a nenhum tipo de igualdade *substantiva* — como igualdade de acordo com liberdade, bem-estar, recursos, ou qualquer outra dimensão relevante da vida das pessoas. Ficará claro, então, que a natureza e a importância da igualdade têm sido entendidas de formas muito diferentes por diferentes pensadores. Descobriremos, ainda, que a igualdade desempenha papéis muito diferentes em várias teorias da justiça e que há diferentes tipos de igualdade que podem ser considerados importantes.

Em termos abstratos, uma certa forma de preocupação com a igualdade tornou-se uma platitude, ou uma ideia quase universalmente aceite, no pensamento político contemporâneo. Pela generalidade das teorias da justiça reconhecidas hoje em dia, perpassa um requisito igualitário básico (mesmo que bastante abstrato), formulável na ideia de que um governo deve tratar os governados como iguais, mostrando igual preocupação e respeito por todos.[4] Neste sentido abstrato, a igualdade é hoje considerada, usando a expressão de Will Kymlicka, o «planalto» argumentativo da teoria política contemporânea.[5] Qualquer teoria que não defendesse que as pessoas merecem igual tratamento, ou preocupação, ou respeito — em virtude de diferenças de raça, género ou qualquer outro aspeto — seria liminarmente rejeitada. É, também, neste sentido que a igualdade é entendida por

---

[4] Dworkin, *Sovereign Virtue: The Theory and Practice of Equality*.

[5] Kymlicka, *Contemporary Political Philosophy: An Introduction*, 4: a expressão usada por Kymlicka é *egalitarian plateau*.

Dworkin como a «virtude soberana» do pensamento político.[6] Mesmo que dois teóricos discordem acerca da importância relativa da liberdade e da igualdade — de bem-estar, por exemplo —, nenhum negará a importância da igualdade neste sentido abstrato. A discórdia centrar-se-á na interpretação que cada um faz, em termos *substantivos*, do requisito igualitário básico: de um dos lados, defende-se que oferecer a cada pessoa liberdade (qualquer que seja a definição em apreço) é a forma apropriada de as tratar como iguais; do outro lado, proclama-se que tratar as pessoas como iguais exige que estas possam usufruir do mesmo nível de bem-estar.

Este sentido abstrato segundo o qual a igualdade é como que universalmente aceite pode ser identificado por meio de várias expressões: «formal», «básico», «abstrato», «profundo» ou «expressivo». Qualquer que seja a expressão utilizada, há, no entanto, três noções que vale a pena distinguir. Chamarei à primeira «igualdade formal»; à segunda, «igualdade moral»; e à terceira, «igualdade expressiva». Discutirei individualmente cada um destes conceitos nas próximas páginas.

---

[6] Dworkin, *Sovereign Virtue: The Theory and Practice of Equality.*

1.1. Igualdade abstrata

1.1.1. Igualdade formal

Desde Aristóteles, considera-se que a justiça exige que se «tratem casos iguais de igual maneira»[7]. Este é apenas um princípio formal, que especifica somente uma das formas que a justiça poderá adotar, sem que o seu conteúdo seja preenchido. Não é substantivo, porque não nos indica como lidar com nenhum caso. O princípio formal apenas diz que, seja o que for que a justiça exija em casos particulares, devemos tratar casos relevantemente semelhantes da mesma maneira. Numa situação de injustiça, então, casos relevantemente semelhantes são tratados de forma diferente — de forma arbitrária ou aleatória, por exemplo. Mas o princípio formal não especifica o que conta como «relevante». Se um indivíduo possui uma dada característica em virtude da qual lhe é devido um determinado tipo de tratamento, a justiça exige que estendamos esse tratamento a todos os indivíduos que possuam tal característica.

Numa primeira análise, uma política pública que discrimine segundo linhas raciais parece violar este princípio. Contudo, se membros de uma etnia são impedidos por lei de aceder a cargos ou posições desejadas,

---

[7] Aristóteles, *Ética a Nicómaco,* 1131a10–b15; Aristóteles, *Política,* III. 9. 1280a8–15, III. 12. 1282b18–23.

podemos pensar que a lei tratou «casos iguais de igual maneira». Portanto, o que aquela asserção implica é uma assunção prévia: que a raça *não é* uma razão *relevante* para se tratarem pessoas de forma diferente. Apesar de esta ideia estar, certamente, correta, não está contida no princípio formal de igualdade. Por um lado, então, o princípio de igualdade formal diz-nos algo significativo e importante sobre a justiça, evocando a tradicional ideia de que a justiça está associada à manutenção de uma forma de equilíbrio.[8] Mas, por outro lado, o princípio não nos diz mais do que isso; e não nos diz o suficiente sobre os requisitos da *igualdade* em particular.

1.1.2. Igualdade moral básica

Uma outra noção abstrata de igualdade é a de «igualdade moral básica». Esta assenta na ideia de que todos os seres humanos são iguais no sentido em que todas as pessoas têm igual estatuto ou valor moral. Como escreve T. M. Scanlon, a ideia é que «todos contam moralmente, independentemente de diferenças como a raça, género, ou local onde vivem»[9].

---

[8] Podemos também dizer que esta noção de igualdade expressa a ideia de que a justiça exige que tratemos «diferentemente os casos diferentes». Cf. Hart, *O Conceito de Direito*, 173.

[9] Scanlon, *Why Does Inequality Matter?*, 4.

Assim, defender a igualdade básica impede que se negue igual consideração moral a indivíduos, em virtude de alguma diferença entre estes (por exemplo, raça ou género). Por oposição à antiga ideia de igualdade formal, a igualdade moral apenas recentemente se tornou uma trivialidade associada à justiça. Aristóteles, por exemplo, considerava alguns indivíduos «escravos naturais», e, como tais, não iguais morais, apesar de defender a ideia de igualdade formal.[10] Hoje em dia, no entanto, seria impensável defender-se uma teoria política que não aceitasse a igualdade moral básica; e tal parece ser um desenvolvimento positivo. Como T. M. Scanlon nota, «a crescente aceitação da ideia de igualdade moral básica, e a expansão do seu domínio de inclusão, foi, possivelmente, a mais importante forma de progresso moral ao longo dos séculos»[11].

Apesar de haver hoje uma concordância generalizada no que à importância da igualdade diz respeito, existe grande discordância sobre o que *justifica* essa posição. Se as pessoas devem contar como iguais morais, é importante que saibamos o porquê de isto ser assim. Presumivelmente, precisamos de ser capazes de apontar um aspeto em que as pessoas *são* de facto iguais, aspeto esse que lhes confere igual estatuto

---

[10] Aristóteles, *Política*, Livro I.

[11] Scanlon, *Why Does Inequality Matter?*, 4.

moral. Esta é a questão do fundamento da igualdade moral: que semelhança partilhada por todas as pessoas explica a sua igualdade moral?

Os filósofos apontam, habitualmente, para certas capacidades partilhadas — como a senciência ou a racionalidade, por exemplo. É importante ter em conta, no entanto, que nem todos defendem uma perspetiva como esta. Hannah Arendt sugere uma visão voltada para o futuro ou prolética: a aceitação da igualdade moral básica, segundo Arendt, não é justificada por uma característica partilhada pelas pessoas, mas pelo facto de essa aceitação permitir a materialização de uma forma importante de comunidade política.[12] Examinar os fundamentos da igualdade seria, no entanto, um projeto para outro livro. O projeto deste livro é antes o de examinar a relação entre igualdade e justiça, assumindo que a igualdade *moral* pode ser defendida de uma forma ou de outra.

A igualdade básica é então incompatível com algumas práticas sociais e políticas — aquelas que negam consideração moral a algumas pessoas —, mas não parece exigir muito mais do que isso. Jeremy Waldron afirma que uma forma de pensar a igualdade moral

---

[12] Ver Arendt, *The Origins of Totalitarianism*, 301. Joel Feinberg sugere que a igualdade moral básica é um «compromisso sem fundamento» que não requer justificação. Cf. Feinberg, *Social Philosophy*, 93.

básica é tomando-a como incompatível com o perpetuar de diferenças de estatuto associadas ao tipo de pessoa que alguém é — seja aos olhos da lei ou, de forma mais geral, aos olhos das instituições sociais e políticas.[13] Um sistema esclavagista, como o que foi praticado nos Estados Unidos entre 1776 e 1865, violaria, neste sentido, o ideal da igualdade básica.

Porém, esta passagem da igualdade moral para a igualdade de estatuto parece exigir um salto significativo. A ideia de que não devem existir diferenças permanentes de estatuto tendo por base o «tipo» de pessoa que se é não decorre necessariamente da ideia de que todos os humanos contam como iguais morais. Em teoria, diferentes estatutos aos olhos da lei ou da sociedade poderão verificar-se sem que a igualdade moral entre todas as pessoas seja negada. Diferentes estatutos poderão, por exemplo, não estar associados a nenhum tipo de *ranking* ou hierarquia que se estabelece entre as pessoas. A existência de estatutos legais diferentes atribuídos a menores e a adultos, ou a cidadãos nacionais e estrangeiros, não implica necessariamente a rejeição da sua igualdade moral.

Mesmo entre cidadãos adultos, diferentes estatutos poderão não implicar que alguns contam mais do que outros do ponto de vista moral. A ideia de atribuir a certos grupos um estatuto diferente, mas não desigual,

---

[13] Waldron, *One Another's Equals: The Basis of Human Equality*, 20.

é uma possibilidade coerente, mesmo que dificilmente se possa verificar no mundo real. No Supremo Tribunal dos Estados Unidos, no caso «Plessy contra Ferguson» (1896), foi argumentado (e aceite pelo tribunal) que a segregação enquanto sistema «igual e separado» não violava a cláusula de «igual proteção» presente na Décima Quarta Emenda da Constituição. Na prática, o sistema não refletia essa ideia e foi, por conseguinte, rejeitado (no caso «Brown contra Conselho de Educação»). Mas a ideia parece ser, em teoria, coerente — mesmo que os proponentes da legislação «separados, mas iguais» tivessem intenções diferentes quando a desenharam. Um sistema mais próximo de realizar o ideal «separados, mas iguais» (ou, pelo menos, não obviamente não iguais) é o sistema sob o qual vivem pessoas indígenas em nações contemporâneas que, como no Canadá, em virtude do Ato Indígena de 1876, possuem um estatuto jurídico diferente do de outros cidadãos. Diferenças de estatuto como estas (em teoria) não negam que todos contam como iguais morais, embora, mais uma vez, se admita, tendo em conta as grandes disparidades culturais que existem entre as pessoas indígenas e os restantes canadianos, que esta seja apenas uma possibilidade teórica. O meu objetivo não é, obviamente, avaliar estes casos reais, mas sim sugerir que é no mínimo coerente — se não plausível ou provável — afirmar que a igualdade moral básica é compatível com diferentes estatutos jurídicos e sociais.

Também parece ser coerente defender que mesmo um sistema explicitamente assente numa hierarquia ou *ranking* — e não apenas numa diferença — de estatutos é consistente com a ideia de igualdade moral básica. Edmund Burke, por exemplo, parece ter sido de tal opinião. Em *Reflexões sobre a Revolução em França*, Burke sugere que assegurar «a verdadeira igualdade moral da humanidade» exige a adoção de uma hierarquia social, já que esta funciona «tanto para o benefício daqueles a quem deixa num estado humilde como para aqueles a quem exalta a uma mais esplêndida condição».[14] Apesar de todos contarem como iguais morais, segundo esta perspetiva, a resposta apropriada é permitir a alguns uma condição «exaltada», e a outros uma existência mais «humilde». Por contraste, o tipo de igualdade social defendido pelos revolucionários franceses era considerado por Burke uma «monstruosa ficção que, ao inspirar falsas ideias e expetativas vãs em homens destinados a viajar no obscuro caminho da vida laboriosa, serve apenas para agravar e amargurar»[15]. Mais uma vez, podemos objetar à visão de Burke por várias razões — mas a sua perspetiva parece ser coerente.

---

[14] Burke, *Reflections on the Revolution in France*, 124.

[15] *Ibid.*

1.1.3. Igualdade política expressiva

Como pudemos constatar, embora a igualdade moral básica seja uma noção relevante, e certamente mais substantiva do que a igualdade formal, é também insuficiente para determinar um ideal robusto de uma sociedade igualitária justa. Por isso, é muitas vezes invocado como requisito básico de justiça uma outra noção de igualdade. Como afirma Dworkin, «nenhum governo que não demonstre igual preocupação e respeito pelo destino de todos os cidadãos, sobre quem reivindica domínio e de quem reivindica lealdade, é legítimo»[16]. Chamemos a esta noção «igualdade expressiva»[17].

O que significa exatamente este requisito de que o governo demonstre igual preocupação e respeito pelos governados? Em que difere da ideia de igualdade moral? Várias particularidades são dignas de nota. A primeira é que o requisito seja atribuído a um *governo* em particular; mais especificamente, Dworkin sugere que este é um requisito de um governo *legítimo*. Neste sentido, este conceito é mais específico do que o ideal de igualdade moral, que, se verdadeiro, é presumivelmente verdadeiro em qualquer altura e lugar, mesmo na ausência de um Estado, governo, ou qualquer outra

---

[16] Dworkin, *Sovereign Virtue: The Theory and Practice of Equality*, 1.

[17] Pettit, *On the People's Terms: A Republican Theory and Model of Democracy*, 78–79.

entidade semelhante. Este requisito básico igualitário adota, então, um ponto de partida diferente. Em vez de começar pela questão do valor humano (fundamentado pelas suas características intrínsecas), parte da questão de determinar o que deve um governo coercivo àqueles sobre quem governa e de quem reivindica lealdade. Como Dworkin aponta no seu discurso sobre igualdade perante o Carnegie Council, «o governo coercivo requer uma justificação que explique porque não é um insulto terminal à dignidade humana forçar alguém a fazer algo que esse indivíduo considera errado, como, obviamente, um governo tem de fazer»[18]. Dworkin defende que esta justificação inclui, no mínimo, a demonstração de igual consideração e respeito por todos os membros da comunidade política. Em segundo lugar, a esta noção de igualdade associa-se um requisito de *publicidade*. Para assegurar as condições básicas de legitimidade, não seria suficiente que o governo tivesse *de facto* preocupação e respeito iguais pelos governados. Igual consideração e respeito têm de ser demonstrados, ou comunicados, e tornados conhecimento comum. É esta a razão do uso da expressão «igualdade expressiva». Em terceiro lugar, a ideia de igualdade expressiva identifica dois tipos de

[18] Dworkin, *Equality: Address to Carnegie Council*. Transcrição do discurso consultável em: https://www.carnegiecouncil.org/media/series/39/20111206-justice-for-hedgehogs.

compromissos — preocupação e respeito. A preocupação, por um lado, é a resposta apropriada ao facto de os seres humanos serem «capazes de sofrimento e frustração». O respeito, por seu turno, é a resposta apropriada ao facto de os seres humanos serem «capazes de formar e agir segundo conceções inteligentes de como as suas vidas devem ser vividas»[19].

Como vemos, a igualdade expressiva é mais específica do que a igualdade moral básica; mas, como ficará claro mais à frente, não são evidentes as implicações que ela gera para uma teoria da justiça.

1.2. Igualdade abstrata e teorias da justiça

Todos os três requisitos igualitários abstratos que acabámos de explorar podem ser vistos como constitutivos de um «*plateau* igualitário» ou «virtude soberana» do pensamento político contemporâneo. Mas, apesar da sua importância, estes requisitos são ainda muito abstratos. São insuficientes para construir uma teoria da justiça e nem sequer nos dizem exatamente o que a igualdade exige

[19] Dworkin, *Taking Rights Seriously*, 272. Para versões mais detalhadas da distinção entre preocupação e respeito, v. Darwall, «Sentiment, Care, and Respect», e Cullity, *Concern, Respect, and Cooperation*.

enquanto requisito de justiça (supondo, como muitos fazem, que a igualdade e outras preocupações, como a liberdade, são parte relevante de uma teoria da justiça completa). Esta ideia torna-se clara quando reconhecemos que as teorias de justiça contemporâneas mais influentes podem ser concebidas como modos de tentar tornar os princípios igualitários abstratos mais precisos.

Na maioria das abordagens, encontramos dois aspetos fundamentais para a determinação dos requisitos de justiça. O primeiro trata da *métrica* da justiça. Em que bem ou aspeto da vida das pessoas nos devemos centrar quando avaliamos a justeza de uma sociedade? Diferentes teorias da justiça propõem diferentes respostas: por exemplo, direitos, bem-estar, recursos, capacidades, uma combinação destes, entre outras opções. Além da questão da métrica da justiça, temos a questão do *princípio* distributivo. Qualquer que seja o bem ou aspeto da vida das pessoas que definimos como relevante, precisamos também de determinar como será esse bem distribuído ou quanto dele deve receber ou usufruir cada pessoa. Um princípio de igualdade é uma possível resposta a esta questão. Mas, como veremos de seguida, não é o único que pode cumprir essa tarefa. Aliás, poderá ser argumentado que outros princípios preenchem com maior sucesso o requisito de mostrar igual preocupação e respeito por todas as pessoas. No que se segue, caracterizarei brevemente várias teorias da justiça influentes, mostrando como cada uma delas inclui alguma forma de preocupação igualitária.

1.2.1. Libertarismo lockiano

Uma abordagem influente, inspirada em John Locke e mais tarde aprimorada por, entre outros, Robert Nozick, defende que a justiça requer, fundamentalmente, o respeito pelo direito das pessoas à propriedade de si mesmas e, por extensão, à propriedade. Segundo a visão lockiana, as pessoas têm um direito pré-político, «natural», ao seu corpo e ao fruto do seu trabalho. Através da «mistura» do seu trabalho com o mundo natural (por exemplo, colhendo bagas ou cultivando a terra), um indivíduo pode adquirir propriedade de forma legítima, desde que deixe o mesmo para os outros «em quantidade suficiente e igualmente boa».[20] Quando a propriedade é adquirida de forma legítima, é permitido a cada pessoa que faça com ela o que quiser — trocá-la, vendê-la, ou dá-la — desde que não viole os direitos dos outros.

---

[20] Locke, *Second Treatise of Government*; Nozick, *Anarchy, State, and Utopia*, Cap. 7.

Esta abordagem representa uma forma perfeitamente legítima de um governo mostrar igual preocupação e respeito pelos governados; assim será sempre que os direitos naturais de *todas as pessoas* forem respeitados. Caso apenas *algumas* pessoas vejam os seus direitos de propriedade protegidos, não podemos dizer que estejamos perante uma situação justa. No entanto, num outro sentido, esta perspetiva é decididamente inigualitária. Conquanto a abordagem lockiana defenda a igualdade no que diz respeito a direitos de propriedade, aceita a existência de desigualdades significativas noutras dimensões, como no que diz respeito a oportunidades, bem-estar, rendimento e riqueza — desde que estas desigualdades resultem de aquisições e transferências de propriedade justas. Um libertário poderá argumentar, por seu lado, que o tipo de redistribuição necessário para garantir uma igualdade material mais substantiva exigiria demasiada interferência, e, como tal, não seria capaz de demonstrar igual respeito por todas as pessoas (esta ideia será explorada mais a fundo no Capítulo 3).[21]

---

[21] Poderá ser defendido que, aqui, os requisitos de respeito e preocupação se separam. Ou seja, o respeito requereria o tipo de não-interferência valorizado pelos libertários — mas tal não é suficiente para demonstrar igual preocupação por todos, já que permite grandes desigualdades de bem-estar.

1.2.2. Utilitarismo

O utilitarismo é outra teoria que, não sendo habitualmente considerada «igualitária», pode ser vista como sendo capaz de satisfazer os requisitos igualitários abstratos. Enquanto teoria moral, o utilitarismo defende que uma ação é moralmente correta caso produza mais utilidade agregada, ou felicidade, do que qualquer outra ação disponível. No entanto, o utilitarismo pode também ser interpretado como uma teoria da justiça. Esta teoria defende como sociedade justa aquela que maximiza a utilidade agregada. Existem, no entanto, duas formas de interpretar o utilitarismo enquanto teoria da justiça.

Segundo a primeira interpretação, o utilitarismo é uma perspetiva teleológica ou télica: maximizar a igualdade é uma exigência, pois fazê-lo conduz ao melhor ou mais valioso estado de coisas. Valorizamos e contabilizamos de igual modo a utilidade para cada pessoa apenas porque é essa a forma de maximizar valor. Se não déssemos igual peso à utilidade de todos, estaríamos a ignorar possíveis fontes de valor, e, como tal, a impedir a sua maximização. Segundo esta perspetiva, as pessoas não são vistas, em primeira instância, como iguais morais merecedores de igual preocupação e respeito; são, ao invés, iguais recipientes ou recetáculos de valor.[22]

---

[22] Cf. Williams, «The Idea of Equality», 230–249.

Segundo outra interpretação, contudo, o requisito para a maximização da utilidade agregada deriva do requisito da igualdade expressiva. Em primeiro lugar, reconhecemos que pessoas diferentes têm interesses diferentes (supondo que o utilitarismo trata a felicidade das pessoas enquanto satisfação dos seus interesses). Tendo em conta que os interesses das pessoas entram muitas vezes em conflito, precisamos de um critério ou procedimento que especifique que soluções de compromisso são justas ou moralmente aceitáveis. A forma apropriada de mostrar preocupação e respeito por todos enquanto iguais consiste em negar especial consideração pelos interesses de um qualquer indivíduo aquando da determinação de políticas públicas que maximizem a utilidade agregada. Uma possibilidade será, então, a de dizer que demonstramos igual preocupação e respeito pelas pessoas ao atribuir igual peso aos seus interesses — independentemente da sua posição social, origem étnica, religião, *etc.*[23] Por conseguinte, o que é exigido pela igualdade expressiva é a maximização da utilidade, ou a satisfação das preferências agregadas. Kymlicka formula o argumento da seguinte forma:

1. As pessoas importam, e importam igualmente; assim sendo,

---

[23] Kymlicka, *Contemporary Political Philosophy: An Introduction*, Cap. 2.

2. deve ser dado igual peso aos interesses de cada pessoa; assim sendo,
3. atos moralmente corretos maximizam a utilidade.[24]

Segundo esta interpretação do utilitarismo, por contraste com a perspetiva teleológica, a maximização da utilidade não é um objetivo direto. É, na verdade, um subproduto ou resultado da adoção de uma maneira particular de determinar o que significa demonstrar igual preocupação e respeito pelas pessoas. Desta forma, o utilitarismo pode ser, então, considerado uma perspetiva sobre como especificar os requisitos da igualdade expressiva para a justiça.

1.2.3. Rawls: Justiça como equidade

O maior desenvolvimento na área das teorias da justiça durante o século XX pode ser atribuído ao trabalho de John Rawls, especialmente com a publicação de *Uma Teoria da Justiça*, em 1971. Rawls foi instigado a desenvolver a sua teoria — «justiça como equidade» — pelo que considerava serem as limitações do utilitarismo e do capitalismo *laissez-faire* defendidos por autores libertários. Por um lado, Rawls considerava

---

[24] *Ibid.*

a perspetiva libertária exageradamente permissiva no respeitante à desigualdade de recursos. Por outro lado, Rawls pensava que o utilitarismo não respeitava aquilo a que chamava a «separação das pessoas»: a ideia de que as pessoas levam vidas separadas, caracterizadas por experiências que não são partilhadas com os outros. Para Rawls, não é possível respeitar as pessoas como iguais sem responder adequadamente a este facto. «As pessoas possuem uma inviolabilidade», escreve Rawls, «fundada numa ideia de justiça, à qual o bem-estar da sociedade como um todo não se pode sobrepor[.]»[25] O utilitarismo, por permitir o sacrifício dos interesses de uma pessoa em prol de um bem maior, não mostra igual respeito pelas pessoas enquanto indivíduos.

A teoria da justiça de Rawls, conhecida como «justiça como equidade», na sua formulação original, tem a seguinte forma:

1) Cada pessoa deve ter um direito igual ao mais extenso sistema de liberdades básicas que seja compatível com um sistema de liberdades idêntico para os outros.[26]

---

[25] Rawls, *A Theory of Justice*, 3

[26] Rawls, *Justice as Fairness: A Restatement*, 42–43.

Este princípio antecede lexicalmente o segundo:

2) As desigualdades sociais e económicas devem satisfazer duas condições: *i*) devem ser a consequência do exercício de cargos e funções abertos a todos em circunstâncias de igualdade equitativa de oportunidades; *ii*) devem produzir os maiores benefícios possíveis para os mais desfavorecidos.[27]

Rawls poderia concordar com os libertários lockianos relativamente à ideia de que, ao não dar prioridade à liberdade, o utilitarismo não demonstra igual respeito pelas pessoas. O segundo princípio de justiça de Rawls, no entanto, marca um importante desacordo entre as suas ideias e as ideias libertárias. Em primeiro lugar, Rawls exige igualdade de oportunidades; em segundo lugar, exige aquilo que se veio a designar como «princípio da diferença» — que as desigualdades sociais e económicas produzam aquele estado de coisas que mais beneficia os mais desfavorecidos. É possível considerar que estes requisitos mais rigorosos sobre a igualdade material constituem uma interpretação plausível do que significa mostrar respeito pelas pessoas.

---

[27] *Ibid.*

É também importante notar que, quando define o que é considerado «vantagem», Rawls rejeita a utilidade ou o bem-estar enquanto métricas da justiça. Rawls defende que a justiça deve focar-se nos recursos a que as pessoas têm acesso, os «bens primários» — nos quais se incluem rendimento, riqueza, liberdades e oportunidades. Estes são recursos que permitem a prossecução de qualquer propósito, isto é, são compatíveis com diferentes conceções acerca do que constitui uma vida boa. Sobre este ponto, Rawls diz que a sua teoria:

> não olha por detrás do uso que as pessoas fazem dos direitos e oportunidades que têm disponíveis para medir, muito menos para maximizar, a satisfação que atingem. Nem tenta avaliar os méritos relativos de diferentes conceções do bem. Ao invés, assume-se que os membros da sociedade são pessoas racionais capazes de ajustar as suas conceções do bem às suas circunstâncias.[28]

A adoção dos «bens primários» como métrica da justiça, em detrimento da utilidade ou bem-estar, pode também ser considerada uma consequência das exigências da igualdade expressiva. Uma vez que, nas sociedades contemporâneas, as pessoas terão,

---

[28] Rawls, *A Theory of Justice*, secção 17.

inevitavelmente, diferentes conceções do que é uma vida boa, respeitá-las como iguais implica garantir-lhes iguais meios para perseguirem essas conceções.

1.2.4. A abordagem das capacidades

Em 1979, Amartya Sen proferiu a sua conhecida palestra «Igualdade de Quê», introduzindo uma nova resposta para a questão da «métrica» da justiça.[29] A proposta de Sen foi motivada pelo que considerava serem as limitações das perspetivas que se focavam na utilidade, bem-estar, recursos ou bens primários. Sen argumentou que o foco no bem-estar subjetivo é problemático, já que tem em consideração apenas o que as pessoas sentem e não as suas verdadeiras necessidades, como a saúde. Adicionalmente, Sen destacou o problema das «preferências adaptativas»:

> As nossas reações mentais ao que realmente obtemos e ao que podemos razoavelmente esperar obter exigem compromissos com uma realidade dura. O indigente obrigado à mendicância, o trabalhador sem terra vulnerável que sobrevive precariamente no limite da subsistência, o empregado doméstico sobrecarregado que trabalha o dia todo, a dona de casa

---

[29] Sen, «Equality of What?».

> dominada e subjugada que se reconcilia com o seu papel e destino, todos tendem a aceitar a situação em que se encontram. As privações são reprimidas e abafadas na escala de utilidades (assente na satisfação de desejos e na felicidade) pela necessidade de resistir a uma sobrevivência rotineira.[30]

Mesmo que uma pessoa se adapte à satisfação que obtém da sua situação deplorável, isso não implica que a sua situação seja justa; tampouco podemos considerar que essa pessoa está a ser tratada com igual preocupação e respeito se se mantiver nessa situação.

Sen era também crítico da abordagem dos bens primários defendida por Rawls (assim como de abordagens centradas em recursos no geral). A sua crítica principal era que o foco em recursos ignora as diferentes formas através das quais as pessoas convertem recursos em «funcionalidades». Por exemplo, um paraplégico poderá necessitar de mais recursos — uma cadeira de rodas, assim como rampas e elevadores apropriados, por exemplo — para conseguir uma capacidade semelhante de funcionalidade no seu movimento. O foco nos recursos ignora também todos os fatores variáveis — sociais, pessoais, ambientais — que determinam o que uma pessoa pode fazer, ou ser, dado um determinado conjunto de recursos.

---

[30] Sen, *Commodities and Capabilities*, 21–22.

Mostrar pelas pessoas igual preocupação e respeito, argumenta Sen, requer que estes «fatores de conversão» sejam tidos em conta. A ideia de Sen aqui subjacente é basicamente a mesma que mencionámos quando distinguimos entre igualdade e «equidade», na Introdução.

Em lugar da utilidade e dos bens primários, Sen propõe a «abordagem das capacidades», que defende que a métrica da justiça deve centrar-se nas «capacidades para atingir funcionalidades» — isto é, as várias coisas que uma pessoa consegue fazer ou ser ao seguir a sua vida.[31] Uma dificuldade desta abordagem prende-se com a especificação das capacidades que importam. Por um lado, podemos simplesmente identificar capacidades «básicas» relacionadas com, por exemplo, ser capaz de se mover livremente, conseguir um emprego, expressar-se livremente, estar seguro e ter respeito próprio.[32] Por outro, como sugere Martha Nussbaum, podemos focar-nos nas capacidades necessárias ao *florescimento* humano.[33]

---

[31] Sen, *Inequality Reexamined.*

[32] *Ibid.*

[33] Nussbaum, «Human Functioning and Social Justice: In Defense of Aristotelian Essentialism».

1.2.5. Prioridade e suficiência

Acabámos de discutir teorias da justiça que fazem uso de diferentes métricas, incluindo direitos, utilidade, recursos e capacidades. As teorias da justiça apelam ainda a diferentes princípios que especificam como o bem relevante — por exemplo, direitos, utilidade, recursos — deve ser distribuído pelas pessoas. Enquanto os libertários lockianos e Rawls exigem que direitos sejam distribuídos de forma igual, eles não exigem que os recursos o sejam (apesar de a perspetiva de Rawls impor limites significativos aos tipos de desigualdade permitidos e exigir igualdade de oportunidade). Os utilitaristas, como vimos, não exigem igual utilidade para todas as pessoas, somente que seja dado o mesmo peso à utilidade de cada pessoa aquando da maximização da utilidade agregada. Em alguns casos, poderá ser uma distribuição muito desigual da utilidade a produzir a maior quantidade de utilidade agregada.

Poderá parecer, então, que, além do caso dos direitos e oportunidades, a igualdade não é um princípio distributivo muito popular. De facto, muitos teóricos defendem que a distribuição igual — de utilidade, recursos, ou capacidades — não deve ser um objetivo. Uma razão fundamental por detrás desta posição é a objeção contra «nivelar por baixo». A igualdade parece exigir que se «nivele por baixo» — isto é, que se retirem vantagens aos que estão numa melhor situação, mesmo quando fazê-lo não beneficie ninguém. Imaginemos, por exemplo, que todas as pessoas têm uma quantidade igual de recursos. Suponhamos, agora, que podíamos garantir a algumas pessoas, não a todas, recursos adicionais. Devíamos, em nome da igualdade, impedir isto de acontecer? Muitos teóricos afirmam que não devemos; e, por conseguinte, consideram a igualdade, enquanto princípio distributivo, implausível.

Por esta e outras razões, os críticos têm defendido que devemos focar-nos em assegurar um nível mínimo de suficiência aos mais desfavorecidos, ou em dar prioridade aos interesses daqueles que estão em piores condições, em termos absolutos.[34]

A perspetiva da suficiência engloba duas teses: uma positiva e outra negativa. A tese positiva afirma que toda a gente deve ter «o suficiente», ou atingir um limiar mínimo. A tese negativa defende que diferenças entre pessoas acima do limiar de suficiência não devem ser objeto de preocupação para a justiça. Se as pessoas têm vidas suficientemente boas (medidas em termos da sua felicidade, recursos, capacidades, ou qualquer outra coisa), os suficientaristas defendem que o facto de outros terem mais é irrelevante

---

[34] Cf. Frankfurt, «Equality as a Moral Ideal»; Parfit, «Equality and Priority».

em termos de justiça. Por exemplo, se toda a gente tivesse uma boa vida (qualquer que seja a nossa interpretação da expressão), os suficientaristas diriam que não é injusto que alguns tenham vidas melhores. Esta perspetiva, então, não atribui nenhuma importância intrínseca a uma distribuição igual. Por conseguinte, evita a objeção contra «nivelar por baixo». Desde que todos tenham «o suficiente», não há razão para que se retirem vantagens a alguém.

É importante notar, no entanto, que a visão da suficiência não defende que aqueles que quase não têm o suficiente são merecedores de maior preocupação ou respeito do que aqueles que têm muito mais. Na verdade, a permissividade desta abordagem para com aqueles que estão acima do limiar de suficiência pode ser vista como a forma adequada de mostrar igual respeito. É possível argumentar (segundo um certo espírito libertário) que impor um padrão de distribuição particular acima do limiar mínimo exige demasiada interferência e, como tal, falha em demonstrar igual respeito pelas pessoas. Claro que é discutível se esta é, ou não, uma interpretação convincente da noção de igualdade expressiva.

A abordagem prioritária, por seu turno, defende que beneficiar uma pessoa importa tanto mais quanto pior esta estiver em termos absolutos.[35] Tal como

---

[35] Cf. Parfit, «Equality or Priority?»; Weber, «Prioritarianism».

o utilitarismo, a perspetiva prioritária é «maximizadora»: qualquer que seja a métrica da justiça, a visão prioritária defende que devemos promover tanto desse bem quanto for possível. Mas, ao contrário dos utilitaristas, os prioritaristas atribuem mais peso àqueles que se encontram numa situação de maior desvantagem em termos absolutos. Esta abordagem também evita o problema do «nivelamento por baixo», já que remover vantagens dos mais favorecidos sem as transferir para os mais desfavorecidos não respeitaria o carácter maximizador do princípio. Mais uma vez, no entanto, a visão prioritarista não diz que os mais desfavorecidos são merecedores de mais preocupação e respeito do que os outros. Esta abordagem deve, sim, ser entendida como advogando que oferecer aos mais desfavorecidos a mesma preocupação e respeito que são endereçadas aos mais favorecidos implica atribuir maior peso aos interesses dos primeiros.

1.3. Igualdade substantiva: Distribuição e relações sociais

Vimos até aqui que o conceito de igualdade desempenha vários papéis nas teorias de justiça. Ao pensar sobre esses papéis, sugeri que é útil distinguir entre noções «abstratas» e «substantivas» de igualdade. Existem várias noções de igualdade «abstrata», incluindo a ideia de tratar casos semelhantes da mesma forma (igualdade formal), a ideia de que todos têm o mesmo valor moral (igualdade moral) e a ideia de que o Estado deve expressar igual preocupação e respeito pelos seus membros (igualdade expressiva). Essas noções são significativas e representam desenvolvimentos reais na história do pensamento moral e político. Aristóteles, por exemplo, aceitava a igualdade formal, mas rejeitava a igualdade moral e acreditava, pelo contrário, que algumas pessoas eram «escravos naturais». Apenas recentemente é que a igualdade moral e expressiva se tornaram amplamente aceites.

Mas o que significa o Estado expressar igual preocupação e respeito pelos seus membros enquanto iguais morais? Os libertários podem argumentar que isso requer que cada pessoa tenha um conjunto igual de liberdades básicas, o que é compatível com grandes desigualdades de recursos e de felicidade. Os utilitaristas podem, por seu lado, argumentar que isso requer que contemos de igual forma a utilidade de cada pessoa na busca pela maximização da utilidade total, o que também pode implicar que algumas pessoas tenham muito menos do que outras, caso isso permita a maximização da utilidade global. O que estas considerações sugerem, então, é que a igualdade abstrata é compatível com uma ampla variedade de teorias de justiça — algumas das quais não parecem particularmente «igualitárias», nem envolvem a igualdade num sentido substantivo. O libertarismo e o utilitarismo, em particular, não parecem ser substantivamente igualitários, como acabamos de observar, porque permitem desigualdades significativas em dimensões importantes das vidas das pessoas.

Mas o que significa exatamente que uma teoria seja substantivamente igualitária? Em geral, uma tal teoria opor-se-á a desigualdades significativas em dimensões importantes, como o acesso a recursos ou o bem-estar. No entanto, não é de forma alguma óbvio como a igualdade deve ser definida e em que dimensões. Mais uma vez, a igualdade revela-se um ideal complexo e existem várias maneiras possíveis de compreender a natureza da igualdade substantiva. A seguir, descreverei dois dos principais modos como uma teoria da justiça pode envolver igualdade substantiva. O primeiro tipo de abordagem foca-se na igualdade ao nível da *distribuição,* enquanto o segundo se foca na igualdade das *relações sociais.*

1.3.1. Igualdade na distribuição

A conceção distributiva da igualdade sustenta que a justiça requer que cada pessoa tenha uma quantidade igual de um bem específico, como utilidade, bem-estar, recursos, capacidades ou algo mais. No entanto, a maioria dos teóricos considera implausível pensar que a justiça requer uma distribuição igual, em qualquer circunstância. Por exemplo, parece excessivamente exigente pretender que as pessoas tenham exatamente a mesma quantidade de recursos ou bem-estar. No entanto, isso não significa que ninguém apoie a igualdade distributiva estrita. Embora sejam poucos, essa visão tem os seus defensores, como é o caso do revolucionário francês Gracchus Babeuf.[36]

Uma opinião mais generalizada, pelo contrário, é que a distribuição igual é antes um requisito de base ou *prima facie*. Isto significa que se considera que a distribuição igual é necessária, exceto se existirem considerações que justifiquem uma distribuição desigual (analisaremos com brevidade algumas propostas diferentes acerca de quais as considerações que podem justificar um desvio da distribuição igual). Exprimindo esta perspetiva mais generalizada, G. A. Cohen escreve: «parto do princípio de que há algo que a justiça exige que as pessoas tenham em quantidades iguais, não em qualquer circunstância, mas na medida em que tal seja permitido por valores que competem com a igualdade distributiva»[37]. Assim, na perspetiva distributiva, a igualdade implica uma divisão igual de bens como requisito de base, que pode depois ser

---

[36] Cf. Babeuf e Marechal, «The Manifesto of Equality».

[37] Cohen, *On the Currency of Egalitarian Justice, and Other Essays in Political Philosophy*, 906.

combinada com uma descrição suplementar do que justifica os desvios à igualdade, bem como uma descrição do bem ou bens relevantes.

Que tipo de considerações poderiam justificar desvios em relação ao padrão ou requisito de base da igualdade distributiva? Um argumento influente é apresentado por Rawls para defender o seu «princípio da diferença», mencionado acima, o qual só permite a desigualdade de rendimento e de riqueza quando isso faz que os mais desfavorecidos fiquem em melhor situação do que aquela em que estariam se o requisito de igualdade estrita prevalecesse. Rawls argumenta da seguinte forma. Ganhar mais é um incentivo bastante atrativo para as pessoas. Um salário elevado, por exemplo, pode motivar pessoas talentosas a enveredarem por uma formação mais rigorosa e a optarem por uma profissão mais exigente, opções que de outro modo dificilmente tomariam. Por exemplo, se os médicos ganhassem o mesmo que todos os outros, as pessoas talentosas poderiam não estar dispostas a tornarem-se médicas — afinal, essa é precisamente uma profissão que requer uma formação longa e rigorosa. Assim, há uma razão baseada em incentivos para permitir a desigualdade económica. Além disso, permitir estes incentivos pode ter como resultado o crescimento económico, ou seja, um aumento do montante global de riqueza de uma sociedade, que poderia ser distribuído de forma justa em benefício de todos. Se os membros mais pobres de uma sociedade em que existe uma distribuição desigual da riqueza forem mais ricos do que seriam numa distribuição igual, então Rawls considera que não pode haver objeções a uma tal distribuição. É melhor ter um bolo dividido de forma desigual se a fatia mais pequena desse bolo for maior do que o que seria cada fatia desse bolo dividido de forma igual. O princípio da diferença de Rawls envolve, portanto, uma noção distributiva de igualdade, em que a distribuição igual é um requisito *prima facie*, ou «padrão», e os desvios em relação à igualdade são justificados pelo benefício que trazem aos menos favorecidos.

Considere-se outro exemplo de uma teoria muito influente conhecida como «igualitarismo da sorte», exemplificada no trabalho de G. A. Cohen, Ronald Dworkin, Larry Temkin e Richard Arneson, entre outros. Os igualitaristas da sorte também defendem que existe um requisito *prima facie* para distribuir um determinado bem de forma igual — seja o bem-estar, os recursos ou qualquer outra coisa —, mas os desvios em relação a esse requisito são justificados de acordo com um padrão de responsabilidade pessoal. Intuitivamente, por exemplo, não parece injusto que as pessoas que optam por trabalhar mais estejam em melhor situação do que as que optam por trabalhar menos. Além disso, parece injusto que alguns estejam em pior situação do que outros apenas em resultado de má sorte. Assim, de acordo com esta perspetiva, as pessoas devem ser compensadas se estiverem em pior situação sem culpa própria, mas apenas nesse caso. O Estado deve responsabilizar as pessoas pelo custo das suas más escolhas e permitir-lhes beneficiar das suas boas escolhas.

No entanto, muitos igualitaristas da sorte defendem que nem todos os casos de azar são injustos. Por esta razão, a noção de sorte «opcional» é frequentemente distinguida da noção de sorte «bruta». Por um lado, «a sorte por opção diz respeito ao modo como as apostas deliberadas e calculadas se desenrolam — se alguém ganha ou perde ao aceitar um risco isolado que deveria ter antecipado e poderia ter recusado»[38]. A «sorte bruta», no entanto, «decorre do resultado de riscos que não são, nesse sentido, apostas deliberadas».[39] Na perspetiva de Dworkin, as desigualdades devidas a diferenças relativas a essa «sorte por opção» não são injustas. Se alguém comprar um bilhete de lotaria — fazendo assim uma «aposta calculada» — e não ganhar, a justiça não exige que seja compensado. Pelo contrário, as desigualdades devidas à sorte bruta são injustas. Se alguém sofre de uma deficiência congénita que o coloca em pior situação do que os outros, então a justiça exige que seja compensado.

---

[38] Dworkin, *Sovereign Virtue: The Theory and Practice of Equality*, 73.

[39] *Ibid.*

Mais uma vez, pode argumentar-se que esta perspetiva é a melhor interpretação do que significa para o Estado expressar igual preocupação e respeito pelas pessoas — e é precisamente isso que Dworkin defende. Para Dworkin, agir de outra forma — por exemplo, impondo um esquema de «igualdade plana», como Babeuf defendia, ou mesmo algo como o princípio da diferença de Rawls — implicaria que alguns suportassem injustamente o custo das más escolhas de outros. Os igualitaristas da sorte podem, por exemplo, argumentar contra Rawls que, se algumas pessoas fizerem más escolhas e acabarem em muito pior situação do que outras, não lhes é devida compensação alguma. Exigir que aqueles que fazem boas escolhas paguem pelos erros dos mais imprudentes seria injusto; se esse fosse o caminho escolhido, argumentam eles, o Estado não estaria a mostrar igual preocupação e respeito pelas pessoas.

1.3.2. Igualdade social

Embora as teorias da igualdade distributiva tenham sido e continuem a ser muito influentes, nas últimas décadas tem emergido um desafio a este entendimento da igualdade. A contestação sugere que a concentração na distribuição dos bens ignora a importância das relações sociais e a preocupação com a hierarquia social. Assim, em contraste com a igualdade distributiva, alguns teóricos avançam e articulam uma conceção social da igualdade.

A conceção social da igualdade surgiu no final do século XX, num trabalho muito influente da filósofa americana Elizabeth Anderson.[40] É claro que Anderson não foi a primeira a discutir a igualdade social. De facto, as preocupações com a hierarquia social são importantes para uma série de pensadores importantes na história da filosofia política, incluindo Rousseau e Marx, entre outros.[41] No entanto, o artigo de Anderson tem sido particularmente influente na literatura contemporânea.

No seu artigo, Anderson critica extensivamente o igualitarismo da sorte, argumentando que esta perspetiva é demasiado severa para com os imprudentes (por exemplo, sofrer um acidente de viação pode ser

---

[40] Anderson, «What Is the Point of Equality?».

[41] Antes do artigo de Anderson, já vários teóricos tinham articulado, ou pelo menos apontado para uma conceção social da igualdade, como Iris Marion Young na sua crítica ao paradigma distributivo «atomista», bem como David Miller e Richard Norman: cf. Young, *Justice and the Politics of Difference*; Miller, «Equality and Justice»; Norman, «The Social Basis of Equality». Em termos mais gerais, considera-se que a igualdade social tem raízes num vasto leque de pensadores canónicos, como Jean-Jacques Rousseau, Adam Smith, Thomas Paine, Karl Marx, R. H. Tawney e T. H. Marshall. V. Nath, «Relational Egalitarianism», e as referências aí apresentadas.

o resultado de má sorte «opcional», mas ainda assim parece que a assistência é devida) e pode estigmatizar aqueles que deveria beneficiar (por exemplo, exigindo que compensações sejam atribuídas àquelas pessoas que por má sorte genética sejam feias). Além destas críticas ao igualitarismo da sorte em particular, Anderson levantou uma preocupação geral sobre grande parte da literatura acerca da igualdade: a maioria dos teóricos, sugeriu, está equivocada quanto ao *objetivo* da igualdade ao interpretá-la como um ideal *distributivo*.

Os defensores da conceção social da igualdade têm argumentado que esse foco na igualdade da distribuição ignora o sentido em que a igualdade é mais importante. O principal sentido da igualdade com que nos devemos preocupar, afirmam, refere-se à natureza das relações sociais. Elizabeth Anderson diz, por exemplo, que «devemos preocupar-nos fundamentalmente com as relações no âmbito das quais [...] os bens são distribuídos, e não apenas com a distribuição dos bens em si»[42]. Do mesmo modo, Samuel Scheffler afirma que a nossa preocupação central com a igualdade envolve a ideia de que «há algo de valioso nas relações humanas que, pelo menos em certos aspetos cruciais, não são estruturadas por diferenças de posição, poder

---

[42] Anderson, «What Is the Point of Equality?», 314.

ou estatuto»[43]. Para David Miller, a igualdade social consiste no «ideal de uma sociedade em que as pessoas se consideram e tratam umas às outras como iguais, por outras palavras, uma sociedade que não é marcada por divisões de estatuto que permitam colocar pessoas diferentes em categorias hierarquicamente ordenadas, como por exemplo em classes diferentes»[44].

No entanto, apesar da atenção considerável de que foi alvo em trabalhos recentes, a conceção social da igualdade continua a ser pouco explorada no que toca a vários aspetos importantes. Os igualitaristas sociais têm, na sua maioria, despendido mais esforços a criticar o que consideram ser pontos de vista rivais (especialmente o igualitarismo da sorte) do que a desenvolver o seu próprio ponto de vista. Como tal, não temos uma imagem totalmente clara do que é a igualdade social. O que é que significa para uma sociedade atingir a igualdade social? Em que dimensão ou dimensões é que as pessoas devem ser socialmente iguais? Além disso, não é óbvio porque é que a igualdade social é importante: será apenas porque a existência de relações hierárquicas faz que a vida das pessoas seja pior? Existem outras razões que justifiquem a importância da igualdade social?

---

[43] Scheffler, «Choice, Circumstance, and the Value of Equality», 17.
[44] Miller, «Equality and Justice», 224.

Estas questões serão abordadas nos dois capítulos seguintes. Como tal, este livro centrar-se-á mais na igualdade social do que na igualdade distributiva. Isto não quer dizer que eu considere a igualdade distributiva pouco relevante. De facto, penso que é muito importante. No entanto, considero que qualquer conceção de igualdade distributiva tem de ser entendida a par do ideal de igualdade social.[45] Os dois tipos de preocupação com a igualdade não são incompatíveis, e podemos pensar que ambos são importantes.[46] No entanto, o ideal de igualdade social parece-me ser particularmente convincente e atrativo, e é relativamente menos explorado na literatura. Reclamar que se é tratado como sendo inferior, numa dada sociedade, ou como um cidadão de segunda classe, tem mais força do que reclamar simplesmente que se tem menos dinheiro, ou menos recursos do que os outros. É claro que ter menos recursos pode ser um sinal de que se é inferior do ponto de vista social. Mas não é necessariamente assim: parece possível que as pessoas se relacionem como iguais, mesmo quando algumas são mais ricas ou mais felizes do que outras. E, na

---

[45] Para obras de referência que ilustram este ponto, ver Scanlon, *Why Does Inequality Matter?*, e Scheffler, «What Is Egalitarianism?».
[46] V. Moles e Parr, «Distributions and Relations: A Hybrid Account»; Lippert-Rasmussen, *Relational Egalitarianism: Living as Equals.*

medida em que isso acontece, parece que a nossa preocupação com a igualdade é menos premente, embora talvez não seja de somenos importância. Além do mais, tal como referi na Introdução, quando olhamos para os movimentos sociais contemporâneos, como a luta pelo direito ao casamento entre pessoas do mesmo sexo ou o movimento *Black Lives Matter*, não parece que a principal preocupação em causa seja a distribuição. É, antes, as pessoas terem um determinado tipo de estatuto na sociedade.

2

O que é a igualdade social?

Até aqui, vimos que muitas teorias contemporâneas da justiça são igualitárias no sentido em que oferecem uma interpretação do que significa o governo demonstrar igual preocupação e respeito pelos seus cidadãos enquanto iguais morais. No entanto, algumas destas teorias — como o libertarismo e o utilitarismo — aceitam desigualdades significativas entre pessoas, por exemplo, em termos de recursos ou bem-estar. Torna-se, então, importante inquirir sobre a necessidade de uma conceção *substantiva* de igualdade para uma teoria da justiça. No capítulo anterior, considerámos duas formas de entender a noção de igualdade substantiva — em termos de igualdade na distribuição e de igualdade nas relações sociais. De acordo com a primeira abordagem, a igualdade consiste na distribuição igual de um bem específico, como o bem-estar ou recursos, e qualquer afastamento em relação a esse ideal pode ser justificado apelando ao benefício dos mais desfavorecidos (como na proposta de Rawls) ou a um padrão de responsabilidade pessoal (como na proposta do igualitarismo da sorte). Na abordagem social (também amiúde chamada de «relacional»), pelo contrário, considera-se que a igualdade diz respeito fundamentalmente à natureza das relações sociais e a estas poderem, em certo sentido, estar livres de hierarquias. Sugeri que este ideal de igualdade social ou relacional espoleta uma atratividade particular. Mas o que é, exatamente, a igualdade social? E em que sentido, exatamente, é que as relações sociais devem ser livres de hierarquias? Encontramos aqui, mais uma vez, a principal ideia deste livro: a igualdade é complicada! Também a igualdade social é uma ideia cuja definição e importância são difíceis de estabelecer. Este capítulo focar-se-á na questão da definição da igualdade social, e o próximo, na sua importância.

Na literatura recente, os igualitaristas sociais têm desenvolvido diferentes abordagens a estes assuntos. Neste capítulo, distinguirei duas formas de caracterizar a igualdade social: uma *interpessoal*, outra *institucional*. Analisarei as várias versões da abordagem interpessoal, apontar-lhe-ei algumas críticas e apresentarei uma visão da abordagem institucional. Para terminar, contrastarei algumas formas diferentes de entender a perspetiva institucional.

2.1. A conceção interpessoal

A igualdade social é muitas vezes descrita como baseando-se no ideal de pessoas que se «relacionam como iguais». Esta expressão parece sugerir relações cara a cara — entre amigos, familiares, colegas, *etc.* — que podem ser mais ou menos igualitárias. Para caracterizar a igualdade social, poderemos, então, começar por estabelecer o que significa dizer que certas relações interpessoais são igualitárias. A partir desta definição, poderemos, presumivelmente, chegar ao ideal social e político, por meio de uma generalização: a realização da igualdade social numa sociedade acontece, segundo esta lógica, através da conversão de todas as relações sociais em relações igualitárias. Mas o que são relações interpessoais igualitárias? Encontramos muitas respostas a esta pergunta na literatura recente, incluindo propostas de autores como Samuel Scheffler, Niko Kolodny e Kasper Lippert-Rasmussen. Farei, de seguida, um levantamento destas abordagens, destacando algumas das limitações e preocupações que suscitam.

2.1.1. *Scheffler: A restrição deliberativa igualitária*

Scheffler pede-nos que imaginemos um casal que *pratique* a igualdade na sua relação. Scheffler sugere que isso exige, fundamentalmente, que cada membro do casal mantenha uma disposição para ter os interesses do outro em conta de igual forma, enquanto a relação perdurar. Este tipo de igualdade poderá ser posto em prática, por exemplo, adotando certas estratégias para lidar com situações de desacordo. Se o João quer fazer uma viagem à Índia, mas a Joana prefere ir ao Japão, os membros do casal podem ceder e decidir-se pela segunda escolha de ambos, a Espanha. Como alternativa, o casal poderá decidir desta vez dar prioridade à primeira escolha de um dos membros e, da próxima vez, à do outro. Scheffler usa o ideal de uma relação de iguais entre um casal para formular uma tese mais geral acerca de relações sociais iguais: uma relação entre iguais é caracterizada, essencialmente, por um conjunto de disposições associadas ao exercício de decisões conjuntas.

> Numa relação conduzida em pé de igualdade, cada pessoa aceita que os interesses igualmente importantes — entendidos, de forma geral, como incluindo necessidades, valores e preferências — da outra pessoa devem ter igual influência nas decisões tomadas no contexto da relação. Adicionalmente, cada pessoa tem uma disposição efetiva normal para tratar os interesses da outra pessoa desta forma. Se tu e eu temos uma relação igualitária, então eu possuo uma disposição para tratar os teus interesses fortes como sendo tão importantes quanto os meus na

> altura de restringir as nossas decisões e de influenciar o que fazemos. Tu tens uma disposição recíproca em relação aos meus interesses.[47]

Segundo a visão de Scheffler, então, a igualdade social deve ser vista como uma espécie de prática: para que estejamos integrados em relações de igualdade, devemos possuir o tipo certo de disposições e atitudes em relação aos outros. Estas disposições são, no fundo, uma *restrição deliberativa*, caracteristicamente distintiva das relações sociais iguais.

Apesar de ser fácil perceber como a «prática da igualdade» defendida por Scheffler poderá funcionar para um casal, é muito mais difícil ver como poderia funcionar para uma sociedade ou comunidade política no seu todo. Não é claro como pode essa proposta funcionar a grande «escala», e, por conseguinte, a restrição deliberativa parece oferecer pouca orientação no desenho de uma teoria da justiça. Quando passamos do contexto de relações pessoais cara a cara para o contexto da sociedade política no geral, quase todas as perspetivas sobre a justiça distributiva poderão ser vistas como satisfazendo apropriadamente a restrição deliberativa. Tanto é que o próprio Scheffler o admite. Scheffler considera, por exemplo, que o utilitarismo-das-regras hedonista satisfaz a restrição deliberativa,

---

47 Scheffler, «The Practice of Equality», 25.

pois, mesmo que o utilitarismo possa exigir que se sacrifiquem os interesses fundamentais de alguém, é possível argumentar que é, ainda assim, atribuído igual peso aos seus interesses, já que lhes é atribuído o mesmo peso que a qualquer outro indivíduo no cálculo geral de utilidade agregada. Por outro lado, podemos discordar e objetar que, se permitimos que os interesses fundamentais de um indivíduo azarado sejam sacrificados em prol de um bem maior, não podemos dizer que estamos a atribuir igual peso aos interesses de cada pessoa.[48]

Scheffler não defende, no entanto, que tal contenda possa ser resolvida apenas com os recursos normativos da restrição deliberativa. Scheffler considera que

---

[48] Scheffler escreve: «Imagine, por exemplo, que existe um desacordo acerca da compatibilidade do utilitarismo-das-regras hedonista com a restrição deliberativa. Um lado defende que são incompatíveis, afirmando que o utilitarismo hedonista permitiria que os interesses fundamentais de uma pessoa fossem sacrificados em prol da maximização da utilidade agregada. Num caso como esse, os defensores desta posição diriam que os interesses da pessoa sacrificada não estão a exercer a mesma influência na decisão social que os interesses comparáveis daqueles que não são sacrificados. O outro lado diria, contudo, que a restrição deliberativa é satisfeita mesmo neste caso, já que aos interesses fundamentais da pessoa sacrificada está a ser atribuído exatamente o mesmo peso que aos interesses comparáveis dos outros no cálculo hedonístico geral. Trata-se apenas de uma questão de azar para a pessoa cujos interesses são ignorados» (*ibid.*, 40).

estas disputas devem ser avaliadas fazendo referência a «outras dimensões» do «ideal global» da igualdade relacional.[49] No entanto, o filósofo americano não identifica estas «outras dimensões».

Scheffler parece então conceder que se trata de uma questão em aberto determinar se a restrição deliberativa é ou não satisfeita pelo utilitarismo-das-regras hedonista. Se for este o caso, parece ser também uma questão em aberto determinar se a restrição deliberativa é ou não satisfeita pela teoria da justiça de Nozick, ou por qualquer outra teoria que pretenda atribuir, de *alguma* forma, igual peso aos interesses de cada pessoa. Assim sendo, a restrição deliberativa parece não ser mais específica do que as noções abstratas de igualdade moral e expressiva que analisámos no capítulo anterior.[50]

Scheffler poderá responder que a sua restrição deliberativa não pretende produzir uma teoria da justiça, pois tem, na verdade, um objetivo mais modesto: sugerir uma forma segundo a qual a igualdade social ou «relacional» não pode ser reduzida à distribuição

---

[49] «A restrição deliberativa constitui apenas uma dimensão do ideal relacional global, ideal de uma relação entre iguais. Se não é claro se um dado princípio é compatível com a restrição deliberativa, então a questão que se coloca é se o princípio é compatível com o ideal global.» (*Ibid.*)

[50] Para uma crítica complementar à proposta de Scheffler, v. Elford, «Survey Article: Relational Equality and Distribution».

igualitária de um bem. Essa restrição deliberativa poderá antes ser considerada, essencialmente, como uma «prova de conceito», tornando claro de que modo a igualdade pode ser entendida como «um tipo de prática, mais do que um padrão normativo de distribuição».[51]

Esta é uma resposta razoável. Mas, mesmo que Scheffler consiga demonstrar que existe uma forma de igualdade social ou relacional inteligível que não pode ser reduzida à igualdade distributiva, tal não mostra que existe uma conceção distinta de igualdade social que também garante uma conceção de justiça igualitária. Há pouco a ganhar, diria, em ter uma nova conceção de igualdade apenas pela novidade.

2.1.2. Kolodny: Disposições resolutas de não-interferência

A caracterização da igualdade social de Niko Kolodny também se baseia nas disposições que as pessoas poderão ter em relação aos outros. Kolodny defende que a *desigualdade* social ocorre quando qualquer uma das seguintes condições se verifica:

i) alguns têm mais *poder* (formal, jurídico ou outro) relativo sobre os outros, não estando

---

[51] Scheffler, «The Practice of Equality».

resolutamente dispostos a abster-se de exercer esse poder, como algo a que os outros tenham direito;

ii) alguns têm maior autoridade de facto (formal, jurídica ou outra) relativa sobre os outros, no sentido em que as suas ordens ou pedidos são por norma obedecidos (não necessariamente por razões morais), não estando resolutamente dispostos a abster-se de exercer essa autoridade enquanto algo a que as outras pessoas teriam direito;

iii) alguns têm atributos (por exemplo, raça, linhagem, riqueza, favor divino) que, na generalidade, atraem maior consideração do que os atributos dos outros.[52]

Esta perspetiva sugere que a igualdade social pode ser alcançada, mesmo quando existem desigualdades de poder e autoridade, desde que as pessoas possuam o tipo certo de «disposições resolutas» para se absterem de exercer o seu poder de forma abusiva. Digo «sugere» — e não «implica» —, porque Kolodny não toma as condições enunciadas como perfazendo uma lista completa. Kolodny afirma que a ausência destas condições é necessária, mas não suficiente, para que

[52] Kolodny, «Rule Over None II: Social Equality and the Justification of Democracy», 295–296.

a igualdade social se verifique. De qualquer forma, a centralidade atribuída às «disposições resolutas» é digna de nota. A ideia é que, como certas desigualdades de poder e autoridade são (mais ou menos) inevitáveis, as pessoas podem, ainda assim, ser iguais sociais, desde que os mais poderosos estejam resolutamente dispostos a não abusar do seu poder e autoridade — interferindo com os mais fracos, ou sujeitando os seus subordinados aos seus caprichos, por exemplo. Adicionalmente, se as relações sociais interpessoais são constituídas pelas disposições corretas, não há nada a ser ganho do ponto de vista da igualdade social com a introdução de um sistema jurídico ou de outras instituições. Ilustrando estas ideias, Kolodny escreve:

> O facto bruto de que Beefy, sendo mais forte, poderia subjugar Reedy, não significa necessariamente que Beefy é socialmente superior a Reedy, caso Beefy esteja resolutamente disposto a abster-se de exercer o seu poder superior, não como uma oferta opcional, mas como algo a que Reedy tem, independentemente, direito. Por outras palavras, a igualdade social não exige uma igualdade de poder «natural» ou em bruto: poder que, como a força, a velocidade, a astúcia ou o conhecimento, pode ser abstraído das disposições humanas. A igualdade «natural» de poder também não pode ser alcançada através de design institucional, já que as instituições,

> como os sistemas jurídicos, consistem elas mesmas em disposições humanas. O que a igualdade social exige é que o poder «natural» seja regulado pelas disposições certas.[53]

No entanto, esta forma de pensar a igualdade social é problemática por várias razões. Em primeiro lugar, a locução de Kolodny «algo a que os outros têm direito» é ambígua: podemos considerar que as pessoas possuem tal direito por serem iguais morais ou por qualquer outra razão — possivelmente, até, em razão do seu lamentável *estatuto inferior*. Imaginemos que Beefy considera que Reedy tem o direito à não-interferência, não por este ser um igual moral, mas porque Reedy é uma pessoa débil a quem é devida benevolência. E suponhamos que ambos concordam com isto; não é de todo claro que a disposição para não interferir neste caso, independentemente de quão resoluta fosse, seria suficiente para tornar esta relação verdadeiramente igualitária. A afirmação de Kolodny de que «instituições, como os sistemas jurídicos, são constituídas por disposições humanas» também deixa dúvidas. Kolodny não clarifica esta afirmação, mas penso que ela poderá esconder o que é uma importante função da lei, assim como de

[53] *Idem, ibid.*, 296.

outras instituições.[54] Um sistema jurídico adequado, por exemplo, poderá tornar explícito, e matéria de conhecimento comum, que Beefy deve abster-se de interferir e importunar Reedy por razões de igualdade, e não por uma outra qualquer razão. Por último, penso que esta perspetiva sofre de um problema semelhante ao da perspetiva de Scheffler: as suas implicações para uma teoria da justiça não são claras. Parece que, teoricamente, as pessoas poderiam possuir as «disposições certas», qualquer que fosse a estrutura básica ou distribuição de bens em vigor na sociedade.[55]

2.1.3. Lippert-Rasmussen: Tratamento e consideração enquanto iguais

Uma terceira variante da perspetiva interpessoal é proposta por Kasper Lippert-Rasmussen. Segundo esta perspetiva, «relacionar-se enquanto iguais» envolve

---

[54] Cf. Moreau, «Discrimination and Subordination», nota de rodapé n.º 18.

[55] Kolodny argumenta, no entanto, que a igualdade social requer democracia. Apesar de concordar com as linhas gerais do argumento, não vejo como a democracia poderia ser estritamente necessária, tendo em conta a sua visão da igualdade social. Afinal de contas, num regime não-democrático, as pessoas podem possuir disposições resolutas para não abusar da sua maior autoridade ou influência política (não obstante quão improvável seja do ponto de vista empírico).

duas dimensões distintas: tratamento e consideração.[56] Com efeito, uma pessoa pode tratar outra como um igual mesmo que a considere inferior — pensemos no caso de um racista que, em certos contextos, trata outros que considera inferiores como iguais para evitar censura, por exemplo. Similarmente, é possível que uma pessoa considere outra um igual mesmo que não a trate como tal — imagine-se um aristocrata que acredita firmemente na igualdade entre todos, mas que tem de trair esta crença ao «assumir o papel» que se associa à sua posição social.

Lippert-Rasmussen sugere, no entanto, que não podemos simplesmente falar de tratar e considerar os outros como iguais sem discriminar as dimensões relevantes que estão em jogo. A título de analogia, não podemos perguntar se um livro é simplesmente «bom» — temos de especificar se o que queremos dizer é que o livro é bom enquanto obra humorística, tratado filosófico, *thriller* de ficção científica, *etc.*[57] De modo semelhante, a ideia de tratar e considerar os outros enquanto iguais exige clarificação, da seguinte forma:

---

[56] É importante notar que Lippert-Rasmussen oferece uma taxonomia diferente da que é proposta aqui. Lippert-Rasmussen distingue o que ele chama de «igualitarismo disposicional» da igualdade distributiva e da igualdade relacional. V. Lippert-Rasmussen, *Relational Egalitarianism: Living as Equals*, secção 7.5.

[57] *Idem, ibid.*, 63–64.

> X e Y relacionam-se enquanto iguais
> é sempre uma versão abreviada de:
> X e Y relacionam-se enquanto iguais em termos de Z.[58]

Lippert-Rasmussen sugere que existem, de facto, várias dimensões relevantes para a caracterização da igualdade social.

Primeiramente, o estatuto *moral* refere-se à consideração que é devida às pessoas enquanto iguais morais, no sentido em que os interesses de todos são merecedores de igual preocupação. Lippert-Rasmussen escreve, por exemplo, que «não estaríamos a tratar-nos uns aos outros enquanto indivíduos com igual estatuto moral se nos relacionássemos uns com os outros como se os interesses de uma parte contassem mais do que os dos outros, em termos morais»[59].

Em segundo lugar, o estatuto *social* refere-se a tipos específicos de distinções e honras que alguns poderão ter. Para ilustrar a sua perspetiva, Lippert-Rasmussen apresenta o seguinte exemplo:

> [m]esmo depois de se ter tornado um psicólogo famoso no mundo inteiro, Freud apresentava-se a si próprio como «Dr. Dr...». Presumivelmente, tal refletia o facto de Freud viver numa sociedade obcecada

[58] *Idem, ibid.*, 69.

[59] *Idem, ibid.*, 67.

> com títulos e, em termos mais gerais, uma sociedade que se focava (ainda mais do que hoje) no estatuto social e em graus académicos.[60]

No entanto, Lippert-Rasmussen sugere que isto não significa que Freud era considerado ou tratado como tendo um maior *estatuto moral* do que os outros, já que «as pessoas não acreditavam que os interesses ou a vontade de Freud contavam mais, em termos morais, do que os seus interesses ou a sua vontade».[61]

Em terceiro lugar, o estatuto *epistémico* refere-se ao peso que é dado ao testemunho de uma pessoa. Como argumenta Miranda Fricker, alguns grupos poderão sofrer de «injustiça epistémica», caso sejam, de uma forma geral, considerados menos credíveis do que outros, em virtude de alguma característica moralmente irrelevante, como o género ou a raça.[62] De forma relevante, parece perfeitamente concebível que uma pessoa possa gozar de um estatuto epistémico menor, segundo esta definição, mesmo que tenha um igual estatuto moral e até um estatuto social elevado (por exemplo, uma mulher da aristocracia).

Por último, o estatuto *estético* está associado às normas que determinam o que conta como belo e

---

60 *Idem, ibid.*, 65.

61 *Idem, ibid.*, 67.

62 Ver Fricker, *Epistemic Injustice: Power and the Ethics of Knowing.*

como aparência «apropriada» para o espaço público, numa dada sociedade. Citando Elizabeth Anderson, Lippert-Rasmussen verifica que normas estéticas não--opressivas não permitem que todos tenham a mesma probabilidade de ganhar um concurso de beleza ou de ser considerados «uma companhia desejável para um encontro de sábado à noite». No entanto, estas normas são «flexíveis o suficiente» para que todos sejam considerados «uma presença aceitável na sociedade civil».[63]

Identificar estas várias dimensões ajuda-nos a ilustrar as diferentes formas segundo as quais as relações interpessoais podem ser igualitárias. Mas, mais uma vez, não é óbvio em que sentido estas observações contribuem para a construção de uma teoria da justiça. Não é claro o que esta perspetiva exige no que diz respeito às características de uma estrutura básica ou em relação à distribuição de bens. A proposta de Lippert--Rasmussen parece focar-se numa questão diferente. Lippert-Rasmussen defende, aliás, que é este mesmo o caso. Escreve ele:

> Consideremos o princípio «uma pessoa, um voto». Alguns igualitaristas relacionais acreditam que a implementação deste princípio é crucial para que as

---

[63] Cf. Lippert-Rasmussen, *Relational Egalitarianism: Living as Equals*, 7; Anderson, «What Is the Point of Equality?», 335.

> pessoas se relacionem como iguais em democracias modernas. No entanto, seria estranho dizer-se que o princípio «uma pessoa, um voto» faz parte do conceito de se relacionarem enquanto iguais, já que, presumivelmente, poderíamos relacionar-nos enquanto iguais mesmo que não existisse nenhuma instituição de voto, e poderíamos relacionar-nos enquanto iguais, em termos políticos, mesmo que não respeitássemos o princípio «uma pessoa, um voto», *e. g.*, caso o peso dos votos das pessoas fosse distribuído de acordo com quão afetadas estas seriam pelos assuntos sujeitos a voto.[64]

Podemos então considerar que esta proposta, tal como as defendidas por Scheffler e Kolodny, é de certa forma alheia à questão de definir que tipos de instituições e que tipo de distribuição de bens uma sociedade justa exige. Talvez se pudesse contra-argumentar que a justiça exige a implementação das instituições e de uma distribuição de bens cuja probabilidade de inculcar disposições igualitárias relevantes seja maior. Uma perspetiva como esta, no entanto, teria uma consequência inusitada. Suponhamos que uma sociedade institucionaliza uma certa hierarquia social — por exemplo, algumas pessoas têm direitos de maior alcance do que outras, marcando-as como

---

[64] Lippert-Rasmussen, *Relational Egalitarianism: Living as Equals*, 62.

superiores. Suponhamos, ainda, que como consequência (uma consequência improvável, admito) as pessoas desenvolvem disposições igualitárias do tipo certo: as pessoas ficam tão ofendidas com a mudança institucional que decidem, por si próprias, tornar as suas interações o mais igualitárias possível. Seria absurdo, no entanto, que um igualitarista social apoiasse a hierarquia institucional em questão em virtude da forma efetiva como esta promove relações interpessoais igualitárias.

Proponho, então, que separemos os dois assuntos. Por um lado, temos a questão de saber o que significa que as relações interpessoais tenham um carácter igualitário e, por outro lado, temos a questão de saber o que significa ter «uma sociedade de iguais», no sentido de definir quais as instituições e a distribuição de bens que melhor expressam o ideal do igualitarismo social. Podemos dizer que a primeira questão exige que expliquemos o que significa que as pessoas se «relacionem enquanto iguais» e que a segunda nos obriga a explicitar o que significa as pessoas «serem tratadas como iguais» pelas instituições sociais e políticas.

Para que fique claro, não quero sugerir que compreender a natureza das relações igualitárias interpessoais não é importante. Acredito, pelo contrário, que esse é um projeto muito importante, e considero que cada uma das abordagens acima descritas é uma contribuição valiosa. Preocupa-me apenas que tais abordagens possam ser, de certa forma, periféricas no que diz respeito ao entendimento da natureza da igualdade social, na forma como esta contribui para uma teoria da justiça. O que quer que seja que a justiça exige, esta exige uma certa conceção não só do que pode ser chamado de «estrutura básica», que diz respeito às principais instituições de uma sociedade, mas também da distribuição de bens.[65] Talvez seja possível estabelecer uma divisão aqui: a igualdade social é um ideal geral que abrange aspetos morais e políticos. Mesmo que estejamos todos moralmente obrigados a relacionar-nos uns com os outros enquanto iguais — por exemplo, das formas que Scheffler, Kolodny e Lippert-Rasmussen descrevem —, não é nada claro que caracterizar a natureza das relações interpessoais nos permita perceber que tipo de estrutura básica ou distribuição de bens a igualdade social exige.

---

[65] Não estou a tomar aqui a posição de que a estrutura básica é o *único* lugar da justiça. Defendo apenas a pouco controversa posição de que ela é, pelo menos, uma parte importante desse lugar. Os filósofos políticos discordam acerca deste aspeto: uns defendem que a justiça apenas se aplica às instituições — por exemplo, a estrutura básica de Rawls —, outros argumentam que ela também se aplica ao comportamento individual de agentes incluídos na estrutura básica. Cf. Cohen, *Rescuing Justice and Equality*.

2.2. *A conceção institucional*

Em vez de tentar chegar a uma conceção de justiça por meio de uma generalização a partir de relações individuais de igualdade, podemos começar por perguntar o que significa que as pessoas tenham um estatuto cívico enquanto iguais relativamente à sua relação com instituições sociais e políticas. Claro que esta perspetiva pode ser encarada como se se baseasse numa simples agregação ou concatenação de várias relações interpessoais de igualdade individuais. Considero, no entanto, que tal observação está errada.

Note como Rawls, utilmente, define «instituição»:

> um sistema público de regras, que define cargos e posições com os seus direitos e deveres, poderes e imunidades, entre outras coisas. Estas regras especificam certas formas de ação como permissíveis, outras como proibidas, e asseguram certas penalizações e defesas, aquando da sua violação.[66]

É possível afirmar que as instituições, neste sentido, apenas «consistem em disposições humanas», como Kolodny sugere. Mas isso seria distorcer a definição. As regras, de facto, associam-se a uma série de disposições relacionadas com o cumprimento de certos

---

[66] Rawls, *A Theory of Justice*, 47–48.

padrões ou normas de conduta, ou com a imposição de custos aquando da não-observação dessas normas. Mas as regras também exigem consideração pela própria norma, em virtude de uma certa *autoridade* que lhe é atribuída (isto é, o que H. L. A. Hart chama de ponto de vista interno).[67] Consideremos uma comunidade de pessoas que estão dispostas a não se matar umas às outras, e que estão dispostas a sancionar-se em caso de homicídio. Estas pessoas, suponhamos ainda, fazem-no apenas por hábito e não consideram que a proibição de matar tenha verdadeira autoridade. Sem uma tal consideração, não há nenhuma *regra* (e como tal nenhuma instituição social) contra o homicídio na comunidade; existe apenas um mero hábito social de não matar. As regras *públicas*, poderá dizer-se, requerem o conhecimento generalizado dos padrões e normas relevantes e dos custos associados à não-observação das regras, assim como o reconhecimento generalizado de que as pessoas consideram esse padrão ou norma como tendo autoridade. As instituições jurídicas são ainda mais complexas e contêm não só regras, mas também regras *sobre* regras; por exemplo, regras

---

[67] Hart, *O Conceito de Direito*, 98–99. Em muitos casos, o tipo de autoridade em questão será moral, mas também poderá não ser. Existem regras sociais de etiqueta ou relacionadas com a moda — como a regra que proíbe o uso de sandálias num casamento — que são vistas como tendo autoridade, mas não do ponto de vista moral.

sobre como determinar violações de regras e como introduzir ou modificar regras.[68] É em virtude destas razões que tomar as regras e as instituições, em especial as jurídicas, como sendo simplesmente «constituídas por disposições humanas» é uma simplificação pouco útil. Mais especificamente, corremos o risco de negligenciar três aspetos que caracterizam o tipo de instituições em que estamos interessados (instituições públicas políticas e jurídicas): 1) elas implicam que as normas de conduta sejam vistas como tendo *autoridade*; 2) elas implicam o *conhecimento generalizado* dessas normas e da sua autoridade; e 3) elas contêm *regras secundárias*. Ainda que fosse possível aprimorar uma definição das «disposições» responsáveis por estes três aspetos, não se vê em que sentido isso seria particularmente útil.

De acordo com a abordagem institucional que proponho, as relações de igualdade consistem num estatuto cívico partilhado pelas pessoas enquanto iguais, que é conferido pelas instituições sociais e políticas.[69] Esta abordagem é constituída por três componentes

---

[68] *Idem, ibid.*, Capítulo 5.

[69] A abordagem da «igualdade democrática» proposta por Elizabeth Anderson, que exige que todos disponham de um conjunto de capacidades para funcionar como cidadãos democráticos iguais, pode ser considerada uma variante da abordagem institucional. Cf. Anderson, «What Is the Point of Equality?».

que a seguir descrevo: a objetiva, a comunicativa e a intersubjetiva.

Objetiva: Este elemento especifica a distribuição de bens em que consiste a igualdade social, ou aqueles bens que são necessários para conferir o tipo de estatuto relevante enquanto cidadão igual. Podemos chamar a estes bens «bens conferentes de estatuto». Eles são necessários para que uma pessoa seja, se considere a si própria como sendo e seja vista pelos outros como sendo um cidadão igual.[70] Sem querer explorar este assunto de forma extensiva, podemos pensar nos «bens conferentes de estatuto» como constituindo um conjunto de igualdades básicas, que incluem restrições a desigualdades de rendimento ou de riqueza e o usufruto por todos de bens como a educação e a saúde.

Comunicativa: Não é suficiente que estes bens conferentes de estatuto sejam oferecidos às pessoas em virtude de um motivo qualquer (por exemplo, estas serem igualmente merecedoras, inteligentes, *etc.*). Ao invés, estes bens são conferidos às pessoas em virtude da sua condição antecedente de serem indivíduos iguais; são ainda distribuídos de forma

[70] Sophia Moreau desenvolve uma abordagem complementar daquilo a que chama «bens básicos». V. Sophia Moreau, *Faces of Inequality: A Theory of Wrongful Discrimination*, Cap. 4.

pública, comunicando assim um igual respeito pelas pessoas.[71]

Intersubjetiva: A distribuição de bens pelas pessoas enquanto iguais estabelece um padrão segundo o qual as pessoas devem ver-se umas às outras enquanto cidadãos iguais. Isto moldará e restringirá as suas disposições, e haverá conhecimento público do tipo de tratamento e consideração que é devido às pessoas. Mesmo que a justiça possa não ficar comprometida se as pessoas não viverem sempre segundo este ideal nas suas vidas pessoais, em fóruns políticos e públicos elas ficarão constrangidas se tal não acontecer.[72]

Uso o termo estatuto cívico para fazer notar que deter um estatuto igual, neste sentido, é compatível com a existência de desigualdades de estima social ou

---

[71] Sobre a dimensão comunicativa ou expressiva, v. Anderson e Pildes, «Expressive Theories of Law: A General Restatement»; Shiffrin, «Democratic Law», *The Tanner Lectures on Human Values*; Voigt, «Relational Equality and the Expressive Dimension of State Action»; Schemmel, *Justice and Egalitarian Relations*.

[72] Tenho simpatia pela ideia de que devemos considerar a estrutura básica como sendo o lugar da igualdade social, pelo menos se estivermos preocupados com as implicações da igualdade social para uma teoria da justiça. Tenho em mente posições elaboradas e defendidas em S. Shiffrin, «Incentives, Motives, and Talents». No entanto, não argumentarei a favor desta perspetiva aqui — e isto não significa que a igualdade social não tenha valor moral para lá da estrutura básica, como anteriormente sugerido.

daquilo a que poderemos chamar «estatuto social». Certas pessoas poderão ter um estatuto ou estima social elevados em virtude da sua fama enquanto músicos ou atletas, por exemplo. Mas este tipo específico de desigualdade quanto ao «estatuto social» é compatível com a igualdade de estatuto enquanto cidadãos. Que alguém seja apreciado em especial numa determinada esfera da vida social, como o desporto, não é suficiente para que essa pessoa seja vista como pertencendo a uma classe de cidadãos fundamentalmente distinta, desde que todos partilhem as mesmas liberdades básicas, que as desigualdades económicas não sejam demasiado grandes, e por aí adiante. Com isto não quero dizer que não é possível que algumas normas que conferem estatuto social sejam prejudiciais à igualdade de estatuto cívico — por exemplo, se membros de alguns grupos forem sistematicamente menos apreciados por desempenhos comparáveis em esferas particulares.[73]

Esta perspetiva oferece uma forma geral de pensar a abordagem institucional à igualdade social enquanto igualdade de estatuto, e pode ser desenvolvida de várias formas.[74] Em particular, temos a difícil

---

[73] V. Schemmel, *Justice and Egalitarian Relations*, Cap. 6.

[74] V. Cass, «The Priority of Liberty: An Argument from Social Equality»; *idem*, «Positional Goods and Social Equality: Examining the Convergence Thesis»; Schemmel, *Justice and Egalitarian Relations*.

questão de aferir qual a distribuição de bens que confere o tipo correto de igual estatuto. E existem múltiplas formas segundo as quais podemos desenvolver esta abordagem. Podemos, por exemplo, considerar os dois princípios rawlsianos como uma maneira possível de explicitar os requisitos da igualdade de estatuto cívico. Ou podemos basear-nos em teorias republicanas de «não-dominação», que pretendem garantir que as pessoas têm um estatuto igual ao proteger as liberdades básicas de cada indivíduo contra interferências arbitrárias.[75] Ou podemos, ainda, como faz Anderson, apelar a um conjunto de capacidades necessárias ao funcionamento enquanto cidadão democrático.[76] Cada uma destas propostas deixa uma pista para se explorar no futuro, no desenvolvimento de uma abordagem institucional à igualdade social.

---

[75] V. Pettit, *On the People's Terms: A Republican Theory and Model of Democracy*.

[76] Anderson, «What Is the Point of Equality?».

3

A importância da igualdade social

No capítulo precedente, examinámos a noção de igualdade social e procurámos chegar a uma definição. Mas, mais uma vez, o assunto é complexo: não é óbvio o que significa dizer que as pessoas fazem parte de relações sociais igualitárias ou hierárquicas. Tanto é que, na literatura recente, existem duas abordagens muito diferentes a esta questão: uma incide em certas atitudes e disposições interpessoais; outra, no tipo de estatuto que as pessoas detêm perante certas instituições. Argumentei que a abordagem institucional parece ser mais promissora no respeitante à determinação de uma teoria de justiça, e o capítulo terminou com uma descrição das diferentes formas através das quais a perspetiva institucional pode ser desenvolvida, fazendo uso do trabalho de Rawls, Anderson e Pettit.

Este capítulo pretende responder a outra questão. Agora que temos uma ideia do que a igualdade social pode ser, podemos fazer outra pergunta: porque é que ela é *importante*? Se a igualdade social é, de facto, importante, precisamos de perceber o que lhe confere importância. Como vamos ver, a igualdade social pode ser considerada importante de vários prismas. Para começar, podemos distinguir duas características gerais de importância: *avaliativa* e *normativa*.[77] As afirmações avaliativas especificam o que é *bom*; as afirmações normativas especificam o que é *exigido*. Por outras palavras, as afirmações avaliativas identificam o que torna um estado de coisas melhor ou pior, enquanto as afirmações normativas centram-se no que os agentes devem fazer. Segundo uma perspetiva consequencialista, as afirmações normativas podem ser vistas como baseando-se inteiramente em afirmações avaliativas — no sentido em que o que um agente deve fazer é agir de forma a promover a melhor situação possível. Já de acordo com as abordagens não-consequencialistas, os dois tipos de afirmação são separáveis: em certos casos, o agente é obrigado a fazer algo que não resulta no melhor estado de coisas. Em termos avaliativos, a igualdade social pode ser vista como algo que tem valor *pessoal* e faz as vidas das pessoas melhores. Adicionalmente, a igualdade social poderá ter valor *impessoal* e contribuir para quão bom um estado de coisas é, *independentemente* de fazer as vidas das pessoas melhores. Por contraste, em termos normativos, a igualdade

---

[77] Cf. Tomlin, «What Is the Point of Egalitarian Social Relationships?», 151–179; Nath, «Relational Egalitarianism».

social pode ser *exigida* por razões que não estão associadas à promoção de valor. Abordarei cada uma destas possibilidades de seguida.

3.1. (Des)valor pessoal

Existem várias possibilidades a considerar no que diz respeito à ideia de que a igualdade tem importância pessoal avaliativa. Em termos negativos, podemos perguntar se e como é que a *desigualdade* social leva a que as vidas das pessoas sejam piores. Uma possibilidade é que a igualdade social importa apenas porque é a única maneira de todos evitarem o mal da *des*igualdade social. Em termos positivos, podemos perguntar-nos se a igualdade social torna as vidas das pessoas melhores de alguma forma; podemos ainda perguntar-nos se existe alguma razoabilidade na ideia de que aqueles que ocupam o *topo* das hierarquias sociais sofrem algumas consequências negativas por serem socialmente superiores. Por fim, poderemos querer saber se estas afirmações são instrumentais ou não-instrumentais: estamos preocupados com a (des)igualdade social apenas devido aos seus efeitos — em matéria de bem-estar, liberdade, virtude, *etc.* — ou (também) porque a (des)igualdade social, em si própria, afeta quão bem a vida de uma pessoa corre?

Os autores que se têm debruçado sobre a igualdade social têm oferecido diferentes respostas a estas questões, e encontram-se defensores de todas as possibilidades acima mencionadas. Consideremos a variante instrumental das afirmações negativa e positiva. Ecoando a posição negativa, vários autores afirmam que ocupar uma posição socialmente inferior poderá «causar dano à autoestima das pessoas», provocando «sentimentos de inferioridade e até culpa, originados pela crença de que a sua vida, as suas capacidades ou conquistas têm pouco valor ou são muito inferiores às dos outros».[78] Seguindo a mesma lógica, Anderson sugere que ser socialmente inferior ameaça a autonomia de uma pessoa.[79] Anderson nota, ainda, que ocupar uma posição social baixa pode levar também a que uma pessoa tenha menos recursos e oportunidades do que os outros, por ser menos poderosa, não ser levada a sério e ser menosprezada.[80] Ademais, alguns igualitaristas sociais citam estudos empíricos que mostram como sociedades desiguais tendem a padecer de mais problemas relacionados com o crime ou a saúde.[81]

---

[78] Scanlon, «Rawls on Justification», 51.

[79] Anderson, «I— Elizabeth Anderson: Expanding the Egalitarian Toolbox: Equality and Bureaucracy».

[80] Anderson, «Equality».

[81] Cf. Marmot, *The Status Syndrome: How Social Standing Affects Our Health and Longevity*; Pickett e Wilkinson, *The Spirit Level: Why Equality Is Better for Everyone*.

A desigualdade social pode, então, tornar as vidas das pessoas piores por várias razões. Mas a maioria destas razões parece apenas aplicar-se àqueles que se situam no fundo da hierarquia. Aqueles que estão no topo da hierarquia social não parecem sofrer nenhuma perda de autoestima, autonomia, recursos ou oportunidades. Alguns autores, no entanto, defendem que a desigualdade social tem efeitos danosos também naqueles que são vistos como socialmente superiores. Anderson diz que ocupar posições sociais elevadas pode levar ao desenvolvimento de traços de carácter negativos, como a vaidade.[82] Já Scanlon afirma que a desigualdade social prejudica o desenvolvimento de sentimentos de fraternidade, ao causar «danos nos laços entre as pessoas», e afiança que «esta é uma perda *sofrida* tanto pelos mais favorecidos quanto pelos mais desfavorecidos».[83] Carina Fourie, por seu lado, sugere que ser socialmente superior poderá causar «severos custos emocionais, incluindo grande stresse, ansiedade, e depressão».[84] Outros afirmam ainda que o indivíduo socialmente superior pode sofrer uma perda de liberdade. Por exemplo, Rousseau escreveu, famosamente, que «o homem nasceu livre e vive acorrentado por toda

[82] Anderson, «Equality».

[83] Scanlon, «The Diversity of Objections to Inequality», 51.

[84] Cf. Fourie, «What is Social Equality? An Analysis of Status Equality as a Strongly Egalitarian Ideal», 120.

a parte»; acrescentou ainda (menos famosamente) que «aquele que pensa ser senhor dos outros não deixa de ser mais escravo do que eles».[85] Esta é uma observação desconcertante: como poderão os mais poderosos sofrer uma perda de liberdade — especialmente uma perda maior que a daqueles que subjugam? No fim de contas, os poderosos têm uma maior gama de opções disponíveis do que os outros. Talvez haja aqui um certo exagero retórico, mas, de forma geral, a ideia parece ser semelhante à que Fourie propõe com a sua observação acerca de custos emocionais: posições sociais superiores trazem um conjunto de responsabilidades e expetativas que devem ser atendidas para que as posições sociais se mantenham — e isto configura uma restrição à liberdade daqueles que são socialmente superiores.[86]

Como vemos, existe amplo apoio para estas afirmações de cariz instrumental. A hierarquia social inibe o acesso a uma série de bens pessoais como a liberdade, o florescimento, a fraternidade ou amizade cívica, a autoestima, a virtude, a felicidade e a satisfação de interesses. E pelo menos alguns destes efeitos pioram a situação também daqueles que estão no topo da hierarquia social.

---

85 Rousseau, *Do Contrato Social*, I.1, 45.

86 Uma ideia semelhante parece também estar presente no ensaio «Matar um elefante a tiro», de George Orwell, no qual se lê que, «quando o homem branco se torna um tirano, é a sua própria liberdade que destrói». Cf. Orwell, *Shooting an Elephant and Other Essays*.

Porém, embora estas afirmações instrumentais pareçam plausíveis, serão elas suficientes para apoiar adequadamente o ideal da igualdade social? Isto é, serão elas suficientes para mostrar que a igualdade social é a componente fundamental, ou, no mínimo, uma componente particularmente importante, da justiça? Parece-me que não.

Um dos problemas que encontro é que pelo menos algumas das afirmações acima enunciadas dependem de conjeturas do domínio da psicologia que são discutíveis.[87] Até que ponto é que a hierarquia social causa de facto «stresse emocional» e dano a «relações fraternais»? Mesmo que tais afirmações pareçam plausíveis, assentam em pouco mais do que especulação acerca de questões empíricas e, como tal, precisam de ser sustentadas por provas — algo que poderá não ser possível fazer de forma incontestável em todos os contextos. Alguns autores sugerem que para os «não-modernos», por exemplo, as relações sociais hierárquicas podiam perfeitamente ser compatíveis com a autoestima e a solidariedade.[88] Não é óbvio que tal não se

---

[87] Cf. Miklosi, «Varieties of Relational Egalitarianism»; Lippert-Rasmussen, *Relational Egalitarianism: Living as Equals*, 156.

[88] David Miller, por exemplo, defende que «relacionarmo-nos como iguais nos confere uma forma de reconhecimento que é essencial ao eu moderno». Mas que «não é uma verdade universal acerca dos seres humanos que estes precisam de reconhecimento sob esta forma». Cf. Miller, «Equality and Justice», 231–232.

verifique de todo hoje. E, mesmo que testes empíricos demonstrassem que estas ligações psicológicas não se verificam em casos particulares, presume-se que a injustiça associada à hierarquia social não desapareceria. Sendo isto verdade, deve haver algo mais que confere à igualdade social a sua importância.

Uma outra questão que podemos levantar retrata aquilo a que chamarei o problema da *fungibilidade*. Este problema destaca o facto de que, apesar das relações igualitárias serem uma parte importante de uma vida boa, existem outros fatores que contribuem para o bem-estar de uma pessoa. Suponhamos que as pessoas podiam, no geral, ver as suas vidas melhoradas — tornando-se mais felizes ou adquirindo mais recursos, por exemplo — fazendo parte de uma hierarquia social. Se a igualdade social tem apenas valor pessoal instrumental, das formas acima descritas, não é, então, claro que exista alguma razão para rejeitar este tipo de troca. No entanto, para os igualitaristas sociais, existem razões de justiça para rejeitar a desigualdade social mesmo que as pessoas possam ser mais felizes, ter mais recursos ou ser beneficiadas de qualquer outra forma sob uma hierarquia social.[89] O problema da fungibilidade relaciona-se então com a plausibilidade de trocar a igualdade social por aumentos noutros aspetos do nosso bem-estar.

---

[89] Arneson, «Democratic Equality and Relating as Equals».

3.2. *Valor não-instrumental*

Alguns filósofos defendem que, além do valor pessoal instrumental, a igualdade social tem valor pessoal *intrínseco* ou valor pessoal *não-instrumental*. Esta afirmação pode ser interpretada de mais do que uma forma. Mais uma vez, podemos distinguir duas versões desta posição. Em termos negativos, podemos dizer que a própria hierarquia social torna a vida das pessoas pior, independentemente dos seus efeitos na autoestima, autonomia ou fraternidade. De forma positiva, podemos dizer que a igualdade social torna a vida das pessoas melhor, independentemente dos seus efeitos na felicidade, saúde, autoestima ou fraternidade.

Qual é o fundamento da ideia de valor não-instrumental? A maioria dos filósofos considera que existem três tipos de teorias de bem-estar: teorias de listas objetivas, teorias hedonistas e teorias de satisfação de preferências. Se a igualdade social é tida como sendo valiosa de uma forma não-instrumental, então para responder à nossa questão teremos de fazer uso da abordagem das listas objetivas.[90] A abordagem hedonista não é adequada, porque sofre da seguinte dificuldade: mesmo que as pessoas experienciassem estados mentais prazerosos vivendo numa hierarquia social, os igualitaristas

---

[90] Lippert-Rasmussen, *Relational Egalitarianism: Living as Equals*, 159–161.

sociais continuariam a encontrar problemas nessa sociedade. Como argumenta Lippert-Rasmussen:

> Presumivelmente, os igualitaristas [sociais] não acreditam que o valor da igualdade [social] depende apenas do prazer que as pessoas têm ao relacionar-se como iguais entre si, em parte porque algumas pessoas parecem, na verdade, ter prazer em se relacionar com os outros como seus superiores, e, no entanto, os igualitaristas [sociais] não pensam que a igualdade não pode ser justificada perante essas pessoas.[91]

A abordagem da satisfação de preferências encontra o mesmo problema, pois é um facto que algumas pessoas preferem ser superiores às outras, e algumas preferem até ocupar posições mais baixas na hierarquia social.[92]

A abordagem das listas objetivas parece, então, ser a mais promissora. Se a igualdade social torna a vida de uma pessoa boa, de uma forma não-instrumental, então esta afirmação deve ignorar os desejos das pessoas e o que as faz felizes. Talvez ser socialmente inferior (ou superior) seja objetivamente mau para as pessoas. Consideremos a sugestão de Derek Parfit de que «podemos pensar que é negativo para as pessoas

---

[91] *Idem, ibid.*

[92] Ademais, apelar a «preferências ideais» seria pressupor que a igualdade social é objetivamente valiosa. *Ibid.*

que estas sejam servis ou deferentes, mesmo que isso não frustre os seus desejos ou afete o seu bem-estar experienciado»[93]. De modo semelhante, podemos pensar que é objetivamente mau para as pessoas que estas sejam arrogantes. No seguinte passo, Scheffler parece expressar a mesma ideia:

> [V]iver numa sociedade de iguais é bom tanto intrínseca como instrumentalmente. Quando as relações entre os membros de uma sociedade são estruturadas por distinções hierárquicas rígidas [...] os padrões de deferência e privilégio resultantes exercem um efeito opressivo na liberdade humana e inibem as possibilidades de interação humana. Ademais, devido à profunda e formativa influência das instituições políticas básicas, os padrões de deferência e privilégio que são politicamente arraigados contaminam relações pessoais de todos os tipos. Distorcem as atitudes das pessoas em relação a elas próprias, reduzem a autoestima de alguns e encorajam o insidioso sentimento de superioridade noutros. Adicionalmente, as hierarquias sociais requerem mitos que as estabilizem e sustenham, e a necessidade de perpetuar e fazer valer estes mitos desencoraja relações honestas entre as pessoas e torna o autoconhecimento mais difícil

[93] Parfit, «Equality or Priority?», 82. Cf. também O'Neill, «What Should Egalitarians Believe?», 130, nota 30.

> de atingir. De todas estas formas, as sociedades desiguais dificultam o florescimento humano; limitam a liberdade pessoal, corrompem as relações humanas, reduzem a autoestima e inibem um viver honesto [...]. [Por seu lado] uma sociedade igualitária ajuda a promover o florescimento dos seus cidadãos [...] [e] viver numa sociedade enquanto um igual é uma coisa boa em si mesma.[94]

Scheffler vê, tal como Parfit, a deferência como objetivamente censurável, e aponta uma lista de outras preocupações (liberdade, autoconhecimento, relações honestas, entre outras).

Mas será que estas considerações são suficientes para defender a ideia de que a igualdade social tem um valor *não-instrumental*? Não é claro que sejam. Parece antes que estas considerações são, na verdade, versões da ideia de valor instrumental. Ser demasiado «servil ou deferente» ou perder autoestima parecem ser, ao fim e ao cabo, *consequências* da participação em relações sociais desiguais e não parte do que significa participar em relações deste tipo: podemos ser parte de relações desiguais sem adotar tais comportamentos ou perder autoestima. O mesmo parece verificar-se no caso das outras preocupações levantadas por Scheffler. Portanto, apesar de Scheffler dizer que «viver numa

---

[94] Scheffler, «Choice, Circumstance, and the Value of Equality», 19.

sociedade enquanto um igual é bom em si mesmo», é um mistério porque Scheffler assim pensa.

Isto não significa que considero a afirmação de Scheffler inteiramente implausível. Ela parece-me plausível, na verdade — e, em qualquer caso, não menos plausível do que outros itens que são habitualmente incluídos em listas objetivas, tais como «conquistas pessoais» ou construir «relações valiosas». No entanto, esta abordagem não se afigura inteiramente satisfatória. Mesmo que aceitemos a igualdade social enquanto parte de uma teoria de lista objetiva, o problema da fungibilidade aparece de novo: mesmo que pudéssemos dar às pessoas muito mais de outros itens da lista numa situação em que existisse uma hierarquia social, os igualitaristas sociais continuariam a defender que existem razões para não o fazer. E não é claro como é que uma posição como esta pode ser explicada através de uma abordagem de lista objetiva.

3.3. (Des)valor impessoal

Foquemo-nos agora na ideia de (des)valor impessoal. Segundo alguns autores, certas coisas adicionam valor ao mundo de uma forma que é independente de quão bem correm as vidas das pessoas. Exemplos comuns usados para defender esta ideia destacam o valor das belas paisagens naturais ou de grandes obras de arte.

Todas estas coisas podem, está claro, ser também valiosas de uma perspetiva pessoal — por exemplo, poderão fazer as pessoas felizes, permitir-lhes que floresçam de uma certa forma, fazê-las desenvolver virtudes ou traços de carácter apreciados. Mas, afiançam estes autores, estes efeitos associados ao bem-estar pessoal não explicam por completo o valor destes objetos ou estados de coisas. Uma forma de testar a intuição aqui em jogo é pensando em mundos que contêm apenas as coisas ditas valiosas: por exemplo, um mundo em que apenas existe o Grand Canyon ou pinturas de Monet.

Conquanto estes exemplos tratem apenas de valor estético, alguns filósofos defendem que existem análogos nos domínios moral e político. Scanlon afirma que «a justiça e a igualdade não representam formas através das quais os indivíduos possam ver a sua condição melhorada. Estas são, isso sim, características especiais moralmente desejáveis de estados de coisas e de instituições»[95]. Similarmente, David Miller assevera que a preocupação com a desigualdade social envolve a invetiva de que «a nossa sociedade não devia ser assim»[96].

---

[95] Scanlon, «Rights, Goals, and Fairness», 99–100.

[96] Miller, «Equality and Justice», 24. Na verdade, não é para mim inteiramente claro que a afirmação de Miller deva ser interpretada como fazendo referência a valor impessoal, mas é assim que é interpretada em Lippert-Rasmussen, *Relational Egalitarianism: Living as Equals*, 14, e por Elford, «Equality of Status and Distributive Equality», 360–361.

Gideon Elford ajuda-nos a clarificar estas afirmações através de uma comparação com relações interpessoais saudáveis:

> Há algo de valioso em dar carinho aos outros — algo que é virtuoso, bom, que tem significado — que vai para lá do facto de contribuir para o bem-estar de qualquer das partes. De uma forma breve, é bom que as pessoas prestem carinho umas às outras de um modo que vá além dos benefícios que isso lhes traz. A ideia aqui expressa é que as relações de igualdade social têm um certo tipo de valor que excede a sua contribuição para o bem-estar das pessoas.[97]

Martin O'Neill oferece um argumento adicional a favor da existência de valor impessoal ao pedir-nos que atentemos nas seguintes distribuições de bem-estar:

1) Metade da população com 100, metade com 150.
2) Todos com 99.

O'Neill avalia estes casos da seguinte forma:

> A distribuição (1) representa uma sociedade rica, mas estratificada, marcada por formas de servilismo,

---

[97] Elford, «Survey Article: Relational Equality and Distribution», 85. Veja também Elford, «Equality of Status and Distributive Equality».

> dominação e exploração. O igualitarista deveria considerar preferível mudar de uma sociedade como esta para uma mais igualitária (como a representada por (2)), mesmo que tal afetasse negativamente o nível global de bem-estar de cada pessoa. Isto porque o igualitarista pode defender que *certos tipos de relações sociais igualitárias possuem uma forma de valor que não é redutível aos efeitos que estas relações sociais possam ter ao nível do bem-estar individual*. [...] Isto pode parecer contraintuitivo, mas uma posição como esta não é nada misteriosa. Se pensarmos que certos valores igualitários têm uma importância que é independente dos efeitos da igualdade no bem-estar individual, então poderemos pensar que o valor da igualdade pode, por vezes, sobrepor-se ao valor de maximizar (ou, *a fortiori*, de meramente incrementar) o bem-estar.[98]

Esta é uma análise interessante, mas não é claro que O'Neill demonstre aquilo que procura demonstrar. Suponha-se que concordamos em relação à existência de razões de justiça para preferir a distribuição (2) à distribuição (1); não é óbvio que a melhor explicação para essa posição seja obtida por meio da referência ao *valor impessoal*. Também podemos tentar defender

---

[98] O'Neill, «What Should Egalitarians Believe?», 141. A numeração e ênfase são meus.

esta posição em termos normativos, como farei na próxima secção.[99] Mas, mesmo que aceitemos explicar este caso segundo o valor impessoal, tal não parece aproximar-nos do objetivo de estabelecer a importância (fundamental) da igualdade social. Mesmo que aceitemos a abordagem do valor impessoal — representada nas posições de Scanlon, Miller ou Elford, por exemplo — será difícil compará-la com o valor pessoal. O problema da fungibilidade regressa, de uma forma porventura mais problemática — já que parece improvável que o valor impessoal possa superar o valor pessoal. Mais uma vez, não quero rejeitar por completo a plausibilidade da perspetiva do valor impessoal — mas estas considerações lançam dúvidas sobre a sua capacidade para explicitar a importância da igualdade social.

3.4. Razões normativas

Examinemos agora as razões *normativas* para a importância da igualdade social. As razões normativas remetem para a *necessidade de cumprir* uma certa prescrição.

---

[99] Muitos filósofos duvidam da existência de valor impessoal no geral, portanto, uma explicação alternativa é bem-vinda. V. Broome, *Weighing Goods: Equality, Uncertainty and Time*, Cap. 9. V. também Temkin, *Inequality*, 256–258. Para uma resposta, v. MacLean, «Challenges to the Principle of Personal Good».

Alguns autores — por exemplo, consequencialistas — poderão explicar factos normativos segundo factos avaliativos: o que é exigido é simplesmente aquilo que conduz ao estado de coisas mais valioso. Várias outras perspetivas, no entanto, postulam que devemos fazer algo, ou que devemos algo aos outros, mesmo que seguir tais prescrições não resulte no estado de coisas mais valioso. Exemplos como este são comummente referidos pelos deontologistas: devemos, por exemplo, abster-nos de colher ao acaso órgãos de pessoas inocentes, mesmo que o intuito seja o de salvar muitas vidas.[100]

Noutros casos, o que é exigido e o que conduz ao estado de coisas mais valioso poderão coincidir. Alguns autores, contudo, afirmam que, mesmo nesses casos, não são os factos avaliativos que explicam a natureza das razões morais. Ecoando esta posição, Stephen Darwall evoca o exemplo dado por Hume em que um indivíduo pisa o dedo (artrítico) de outro.[101] Parecem existir duas razões plausíveis para que o indivíduo retire o seu pé do dedo do outro. A primeira baseia-se num facto avaliativo: fazê-lo reduziria a quantidade de sofrimento presente no universo. Darwall defende, no entanto, que esta é uma razão do *tipo errado*. Para Darwall, o tipo certo de razão assenta num facto normativo: as pessoas

---

[100] Harris, «The Survival Lottery».

[101] Darwall, *The Second-Person Standpoint: Morality, Respect, and Accountability*, 5.

possuem algo a que podemos chamar «autoridade de segunda pessoa» para fazer reivindicações umas às outras. Aquele que pisa o dedo do outro deve remover o seu pé em virtude dessa autoridade que os agentes possuem em relação uns aos outros.

Vários filósofos têm defendido que a igualdade social é importante em termos normativos. Martin O'Neill, por exemplo, sugere que podemos apelar «ao que é devido aos indivíduos em virtude do nosso respeito pela dignidade dos agentes humanos»[102]. Christian Schemmel escreve que «o igualitarismo relacional [...] é uma perspetiva sobre a justiça social; o seu objetivo é explicitar os direitos e deveres que os indivíduos têm enquanto membros da sociedade e que habitualmente se sobrepõem a outros valores sociais [...]. A objeção apontada às relações [desiguais] não é apenas que estas são, de alguma forma, prejudiciais às pessoas, mas que estas representam uma forma *de tratamento injusto*»[103]. Já Anderson afirma que «os igualitaristas assentam a sua defesa da igualdade social e política no facto da igualdade moral universal [...]. Os igualitaristas desejam uma ordem social em que as pessoas se relacionem enquanto iguais»[104].

---

[102] O'Neill, «What Should Egalitarians Believe?», 131.

[103] Schemmel, «Why Relational Egalitarians Should Care About Distributions», 36.

[104] Anderson, «What Is the Point of Equality?», 313.

Contudo, estas afirmações, tal como estão aqui enunciadas, parecem carecer de suficiente clarificação e justificação — pelo menos, tanto quanto as afirmações anteriormente discutidas de que a igualdade social deve ser parte da «lista objetiva» ou que esta é impessoalmente valiosa. Por que razão deve a igualdade social ser simplesmente exigida? Patrick Tomlin (mesmo sem rejeitar a ideia de que a igualdade social tem importância normativa) formula a questão da seguinte forma:

> Esta formulação normativa do igualitarismo relacional vê a ideia de relações sociais e políticas igualitárias como sendo fundacionais. O objetivo da igualdade, para usar o termo empregado por Anderson, é eliminar a opressão. A opressão é objetável porque o opressor não trata o oprimido como um igual. Por que razão devemos tratar uma pessoa como um igual? Não existe uma razão. É simplesmente aquilo que devemos *fazer*: devemos tratar os outros enquanto iguais porque *somos* iguais. Segundo esta perspetiva, a teoria política deve partir do ideal da igualdade relacional e não explicar por que razão ou em que sentido esta é valiosa ou importante.[105]

[105] Tomlin, «What Is the Point of Egalitarian Social Relationships?», 18.

Tomlin, no seguimento, sugere que, interpretada desta forma, a base normativa da importância da igualdade social não é mais misteriosa do que a afirmação de que a igualdade distributiva também «simplesmente importa».

Eu defendo, porém, que Tomlin não está obviamente correto ao considerar a igualdade social como sendo um compromisso fundacional ou não-justificado. A igualdade social não é, ela própria, *exatamente* fundacional. O compromisso fundacional é que o Estado respeite os seus membros como iguais — o compromisso da «igualdade expressiva» introduzido no primeiro capítulo. Vários filósofos políticos, incluindo John Rawls, Ronald Dworkin e Philip Pettit, consideram este compromisso um requisito fundamental da justiça.[106] Este requisito é, de facto, abstrato. Mas a sua importância não é assim tão misteriosa. Como nota Dworkin, precisamos de alguma razão para pensar que não é um «insulto terminal» que o Estado aja de forma coerciva sobre os seus membros; especialmente quando os coage a seguirem diretrizes com as quais não concordam.[107] O respeito pelas pessoas enquanto iguais é um requisito mínimo da legitimidade; o que quer que seja que a justiça exija, ela

---

[106] Dworkin, *Sovereign Virtue: The Theory and Practice of Equality*, 1; Pettit, *On the People's Terms: A Republican Theory and Model of Democracy*, 78; Rawls, *A Theory of Justice*, 447.

[107] Dworkin, *Equality: Address to Carnegie Council.*

exige pelo menos isso. Assim sendo, a importância deste compromisso fundacional não é assim tão misteriosa. No entanto, continua a ser abstrata e exige especificação. Acredito, ainda assim, que reconhecer a uma pessoa um estatuto cívico enquanto igual (conforme o que é defendido pela abordagem institucional descrita no capítulo anterior) é uma interpretação muito plausível deste requisito — e certamente não menos plausível do que a que é proposta pelo libertarismo ou utilitarismo, ou qualquer outra teoria da justiça. A igualdade social, então, não é ela mesma um compromisso fundacional, mas sim uma perspetiva particular sobre o que é *exigido pelo* compromisso fundacional de que o governo legítimo deve respeitar os seus membros enquanto iguais.

3.5. Conclusão

O igualitarismo social tem sido apresentado enquanto 1) a forma certa de pensar sobre a igualdade e 2) uma preocupação fundamental da justiça. Os igualitaristas sociais, contudo, ainda não elaboraram nem defenderam suficientemente estas afirmações. Como vimos no último capítulo, vários autores preeminentes desenvolveram perspetivas interpessoais da igualdade social, especificando os tipos de disposições necessários para que as pessoas se relacionem enquanto iguais. Essas abordagens constituem um contraste claro com a noção de igualdade distributiva, mas, na sua apresentação atual, oferecem muito pouca orientação para o desenvolvimento de uma teoria distributiva da justiça. Caracterizei o que acredito ser uma melhor forma de pensar o ideal do igualitarismo social: como assentando num estatuto que as pessoas partilham enquanto iguais, perante certas instituições. Neste capítulo, examinei diferentes visões acerca da importância da igualdade social, as quais apelam a conceções de valor pessoal e impessoal. Apesar de estas abordagens não serem implausíveis, ainda não são suficientes para estabelecer a razão pela qual a igualdade social é uma preocupação fundamental da justiça. Propus o que me parece ser uma abordagem mais persuasiva, que apela à igualdade expressiva — a ideia de que um governo legítimo deve respeitar os seus membros enquanto iguais. Essa ideia exige, plausivelmente, que atribuamos a todos um estatuto de igualdade cívica.

4

Igualdade e tempo

O objetivo deste livro tem sido bastante modesto: introduzir várias noções de igualdade relevantes para as teorias da justiça e examinar, em particular, a noção de igualdade social. Não ofereci, de forma alguma, uma descrição exaustiva de nenhum dos assuntos discutidos, muito menos um relato exaustivo da miríade de temas relevantes relacionados com a igualdade e a justiça. De facto, vale a pena sublinhar que existem muitos temas associados a estes que são dignos de discussão. Existem muitos assuntos importantes acerca dos quais não existe consenso na literatura filosófica. Os filósofos dividem-se, por exemplo, nas suas posições em relação às implicações da igualdade para assuntos como a democracia, o trabalho, a saúde, a educação e a imigração. Dividem-se, também, no que diz respeito à importância da igualdade para a justiça *global*. Alguns filósofos pensam, por exemplo, que as exigências da igualdade se aplicam apenas *dentro* das nações, ao passo que os deveres de justiça global — para aliviar a pobreza, por exemplo — não têm que ver com pretensões de natureza igualitária.[108] Todos os temas mencionados acima são questões inexploradas, e muito mais podia ser dito em relação a qualquer uma delas.

Responder a todas estas questões obrigaria a que fôssemos muito além do escopo deste livro. Preferi concentrar-me num conjunto específico de assuntos que são o núcleo da investigação contemporânea nas áreas da igualdade e justiça, e entre esses assuntos inclui-se a relação da igualdade com o tempo. Discutirei três aspetos dessa questão aqui. O primeiro trata o *escopo temporal* da igualdade: quando avaliamos as pessoas sob o prisma da igualdade, devemos considerar as suas vidas completas ou considerar momentos particulares delas? O segundo aborda os requisitos da igualdade no que diz respeito a *grupos etários* específicos, como crianças, adultos e idosos. Por fim, analisarei até que ponto o valor da igualdade se deve aplicar a *gerações que ainda não existem.*

4.1. O limite temporal da igualdade

Existem duas maneiras de pensar o modo como princípios igualitários são aplicados no que diz respeito ao tempo; por outras palavras, existem duas maneiras

---

[108] Ver Scanlon, *Why Does Inequality Matter?*

de pensar o «escopo temporal» dos princípios igualitários. Uma é diacrónica, a outra é sincrónica. Analisarei cada uma destas possibilidades e explicarei por que razão escolher uma em detrimento de outra pode ser relevante.

A abordagem diacrónica defende que, ao fazer apreciações sobre a realização da justiça, não devemos focar-nos apenas num certo momento no tempo. Devemos, sim, comparar *segmentos* de tempo. Na maioria dos casos, os segmentos relevantes são as *vidas completas* das pessoas. Segundo esta abordagem, mesmo que duas pessoas possuam uma quantidade desigual de um bem — por exemplo, de recursos — em dado momento, elas poderão, não obstante, ser consideradas iguais caso tenham a mesma quantidade de recursos ao longo das suas vidas. É possível, então, que duas pessoas sejam diacronicamente iguais em relação a dado bem, mesmo que nunca tenham a mesma quantidade desse bem em nenhuma altura específica.

A perspetiva diacrónica tem sido a abordagem padrão na literatura sobre justiça igualitária e está presente no trabalho de autores como Rawls e Dworkin. Porque tem sido este o caso? A razão primária diz respeito a questões de responsabilidade pessoal e a uma perspetiva de senso comum sobre a identidade pessoal.[109] Muitas teorias da justiça defendem que exercícios diferentes de responsabilidade podem justificar uma distribuição desigual de bens — se alguns trabalham mais ou fazem melhores escolhas, não é injusto que tenham mais do que os outros. Por conseguinte, desigualdades sincrónicas poderão não ser injustas caso reflitam factos como estes. Para fazer este tipo de apreciações, no entanto, precisamos de considerar um período extenso que englobe as diferenças relevantes (por exemplo, de esforço e investimento). Em princípio, a abordagem diacrónica pode ser aplicada a segmentos particulares das vidas das pessoas e não às suas vidas enquanto todo. A abordagem das *vidas completas*, porém, costuma ser adotada por, pelo menos, duas razões: primeiro, porque cada pessoa é vista como um único indivíduo ao longo do tempo (pelo menos, no que diz respeito à moralidade); segundo, porque é difícil especificar de forma não-arbitrária que períodos temporais devem ser vistos como sendo relevantes.

Vários filósofos, contudo, têm contestado esta abordagem, mostrando que a perspetiva das vidas completas deve ser suplementada, se não rejeitada por

---

109 Para uma discussão acerca do tema, v. Bidadanure, *Justice Across Ages: Treating Young and Old as Equals*, Cap. 1; Bou-Habib, «Distributive Justice, Dignity, and the Lifetime View»; Lippert-Rasmussen, «Is It Unjust That Elderly People Suffer from Poorer Health than Young People? Distributive and Relational Egalitarianism on Age-Based Health Inequalities».

completo. Um tipo de crítica simplesmente argumenta que as pessoas não devem, em momento nenhum, descer abaixo de um nível de suficiência.[110] Mais recentemente, Juliana Bidadanure tem argumentado em favor da existência de requisitos sincrónicos de igualdade social. Atente nos seguintes exemplos:

> *Dominação Mútua:* Numa sociedade feudal, duas castas mudam de posição a cada vinte anos. A Casta 1 domina a Casta 2 por vinte anos, a Casta 2 domina a Casta 1 nos vinte anos subsequentes, e depois voltam a trocar. Chegado o fim das suas vidas, as duas castas terão exercido iguais quantidades de controlo sobre a outra. Ambas terão sido senhoras ou escravas durante toda a sua vida, mas tê-lo-ão sido de forma igual.[111]

> *Cidade Desigual:* Imagine uma cidade em que as pessoas idosas vivem em casas miseráveis e superlotadas com poucas hipóteses de felicidade, enquanto as pessoas mais jovens vivem em ótimas casas. Os residentes mais velhos tiveram o mesmo estilo de vida

---

[110] Casal, «Why Sufficiency Is Not Enough»; Gosseries, «Qu'est-ce que le suffisantisme ?»; Bou-Habib, «Distributive Justice, Dignity, and the Lifetime View».

[111] Ver McKerlie, «Equality and Time», 479; Bidadanure, *Justice Across Ages: Treating Young and Old as Equals*, 87.

> feliz no passado, e os residentes mais jovens acabarão por viver nas mesmas casas miseráveis quando envelhecerem.[112]

Estes exemplos sugerem aquilo a que se chama *igualitarismo de troca de lugares.* Considerando a vida completa de cada pessoa, existe um sentido em que todas são iguais, em virtude das trocas de posições que acontecem ao longo do tempo. Mas, em qualquer altura específica, existem sérias desigualdades — algo que Bidadanure considera suficiente para demonstrar que a perspetiva das vidas completas deve ser suplementada. Em particular, Bidadanure defende que em ambos os casos existem formas de desigualdade social que são objetáveis: devemos censurar a existência de uma casta inferior e a estigmatização e marginalização das pessoas idosas — mesmo que todas as pessoas sofram dos mesmos males durante a vida.[113] Bidadanure argumenta, então, que estes exemplos mostram que qualquer abordagem diacrónica de vidas completas deve ter em consideração certas preocupações igualitárias relacionais de carácter sincrónico.

---

[112] Ver McKerlie, *Justice Between the Young and the Old,* 6; Bidadanure, *Justice Across Ages: Treating Young and Old as Equals,* 87.

[113] Bidadanure, *Justice Across Ages: Treating Young and Old as Equals,* 100–104.

Várias questões podem ser ainda levantadas. São *todas* as preocupações associadas à igualdade social sincrónicas e não diacrónicas? Poderá a abordagem das vidas completas ser criticada por outras razões? Existe alguma tensão entre as duas abordagens? Uma visão completa da justiça igualitária terá de responder de alguma forma a estas questões.

4.2. Justiça entre grupos etários

A justiça entre grupos etários é um outro assunto de relevo nesta área. As teorias da justiça costumam ser concebidas tendo adultos em mente — adultos, em particular, que sejam *mentalmente capazes* ou totalmente racionais. Isto deixa por responder a questão de como pensar sobre outros grupos etários, como crianças e idosos já não em plena posse das suas faculdades. Muitos dos membros destes grupos poderão não ter ainda desenvolvido por completo as suas capacidades intelectuais, como é o caso das crianças, ou poderão estar a perdê-las, como no caso dos idosos.

No que diz respeito às crianças, poderá ser impossível realizar por completo o ideal da igualdade relacional. Para as crianças, poderá ser *bom* participar em alguns tipos de relações desiguais.[114] Enquanto não

---

114 Hannan, «Why Childhood Is Bad for Children».

tiverem desenvolvido capacidades que lhes permitam fazer boas escolhas, poderá ser apropriado que pais e outros adultos interfiram; como tal, uma forma de hierarquia parece apropriada. De qualquer forma, não há dúvida de que as crianças podem também ser tratadas de uma forma inapropriadamente desigual. Veja-se, por exemplo, a lei de Roma que garantia aos pais permissão para matarem os filhos. Esta é certamente uma forma de desigualdade objetável.

É, então, importante examinar com todo o cuidado a questão de como devem as crianças ser tratadas como iguais. Um importante aspeto a ter em conta concerne à participação, ou pelo menos representação, política das crianças.[115] O controlo excessivo por parte de certos progenitores é também um assunto com relevância para a questão da igualdade entre crianças e adultos. Anca Gheaus sugere, sobre este tema, que devemos pensar em formas de eliminar monopólios de poder que os pais têm sobre as crianças; segundo Gheaus, tal poderá ser levado a cabo por meio de, entre outras medidas, a instituição de um regime de apadrinhamento secular.[116] De acordo com esta breve análise do

---

[115] Umbers, «Enfranchising the Youth»; Bidadanure, «Better Procedures for Fairer Outcomes: Youth Quotas in Parliaments»; Campos, «Infant Political Agency: Redrawing the Epistemic Boundaries of Democratic Inclusion».

[116] Gheaus, «Child-Rearing With Minimal Domination: A Republican Account».

tema, parece, então, que tanto a questão de saber se devemos tratar as crianças como iguais, como a definição do modo acertado de o fazer, são questões filosóficas desafiantes que exigem, provavelmente, grandes mudanças políticas para que sejam resolvidas.

Considerando agora o caso dos idosos, convém não ignorar que o número absoluto e a percentagem da população com 65 ou mais anos tem vindo a crescer continuamente em muitas sociedades. Este fenómeno é conhecido como «envelhecimento populacional». Em vários países europeus, como França, Itália, Grécia, Alemanha ou Portugal, a percentagem de pessoas idosas tem sido superior a 20 % desde 2021, segundo dados da OCDE. Uma preocupação que esta tendência suscita é a solidificação de assimetrias de poder político. Cada vez mais se observa um aumento do número de votantes idosos ou mais velhos, o que leva a uma menor participação e influência de grupos de pessoas mais novas. Podemos perguntar, então, se esta situação constitui ou poderá levar a uma forma de desigualdade objetável. Por um lado, poderá não haver nada a objetar: como todas as pessoas envelhecem, desde que todos tenham quantidades semelhantes de influência ao longo da vida e, como tal, tenham igual estatuto, poderá não haver problema algum do ponto de vista da igualdade.[117] Por outro lado,

[117] Para um desenvolvimento interessante da teoria que sugere que consideremos as vidas completas das pessoas para avaliar a

se os interesses dos grupos etários mais jovens são sistematicamente sub-representados, tal poderá constituir uma hierarquia social objetável. Como resposta a este problema, podemos pensar em conferir ao voto de cada grupo etário diferentes pesos, ou mesmo impedir os idosos de votar.[118] O caso dos idosos, parece, pois, também apresentar desafios filosóficos interessantes que poderão requerer soluções radicais.

4.3. Pessoas futuras

As questões que acabámos de referir sobre a justiça entre grupos etários indicam um sentido em que podemos estar preocupados com a justiça «intergeracional», ou justiça entre gerações. Neste caso, entendemos por «geração» um grupo etário: o conjunto de pessoas que estão numa faixa etária específica. É de notar, no entanto, que muitas vezes o termo «geração» é utilizado para se referir a *coortes de nascimento*: ou seja, o conjunto de pessoas que nasceram num momento específico e que irão passar por vários grupos etários. Estabelecer esta distinção permite-nos, portanto,

---

justiça entre grupos etários, v. Daniels, *Am I My Parents' Keeper?: An Essay on Justice Between the Young and the Old*.

[118] Van Parijs, «The Disfranchisement of the Elderly, and Other Attempts to Secure Intergenerational Justice».

pensar numa outra forma de nos preocuparmos com a igualdade e a justiça intergeracional. Este conjunto de problemas envolve questões de justiça que surgem entre gerações *não-contemporâneas* (entendidas como coortes de nascimento), ou entre pessoas cujas vidas não se intersetam temporalmente. Olhando para o futuro, por exemplo, podemos perguntar o que devemos, se é que devemos alguma coisa, a pessoas que ainda não nasceram. Olhando para o passado, podemos perguntar se devemos algo, no concernente a justiça, àqueles que já não estão vivos. Como as gerações passadas e futuras, por definição, não existem neste momento, defender a existência de deveres das pessoas presentes para com elas não é tarefa fácil. Para facilitar a nossa discussão, abordarei apenas o caso de gerações *futuras* não-contemporâneas.

A questão da existência de deveres das pessoas presentes para com as gerações futuras é espinhosa. Por um lado, parece ser possível agir injustamente para com as gerações futuras. Se deixarmos às pessoas futuras um planeta inabitável, ou uma dívida pública excessiva, parece haver razões de justiça para condenar as nossas ações. Por outro lado, se de facto temos deveres para com as pessoas futuras, é muito difícil discernir a sua natureza e conteúdo. Nesta secção, explorarei algumas objeções à existência de deveres de justiça para com pessoas futuras e discutirei como a *igualdade* poderá contribuir para a determinação do conteúdo destes deveres.

As três principais objeções à existência de deveres de justiça para com pessoas futuras são as seguintes: 1) *não--existência*, 2) *não-reciprocidade* e 3) *não-identidade*.[119] O problema da *não-existência* sublinha o facto de, por definição, as pessoas futuras não existirem presentemente, sugerindo que, como tal, não podem ter direitos. Segundo o problema da *não-reciprocidade*, os deveres de justiça baseiam-se na reciprocidade e, por isso, apenas podem surgir entre aqueles que cooperam de alguma forma. Como as pessoas futuras ainda não existem, não podemos, assim parece, cooperar com elas e, por conseguinte, não temos deveres de justiça para com elas. O problema da *não-identidade*, por fim, nota que as identidades particulares e o número de pessoas que existirão no futuro dependem das nossas ações presentes. Ao adotar diferentes políticas públicas ou escolher diferentes opções, fazemos que conjuntos totalmente diferentes de pessoas venham a existir. Considere, por exemplo, a escolha entre reduzir emissões de gases de estufa ou não fazer nada. Será natural dizer-se que, escolhendo não fazer nada, causamos dano às pessoas futuras, caso estas sofram de alguma forma com as alterações climáticas. O que o problema da não-identidade sublinha, no entanto,

---

[119] Para uma análise destes problemas, v. Campos, «Intergenerational Justice Today», e Meyer, «Intergenerational Justice» (e as referências aí contidas).

é que essas pessoas futuras não existiriam se tivéssemos adotado uma escolha diferente. A identidade das pessoas que existirão no futuro depende de uma cadeia causal de eventos que conduz ao seu nascimento. Se, ao invés, escolhermos reduzir as emissões de gases de estufa, levaremos a que um conjunto completamente diferente de pessoas venha a existir. Por conseguinte, não parece ser coerente dizer-se que causámos dano às pessoas cuja existência se deve precisamente a não termos reduzido as emissões. Estas três objeções — não-existência, não-reciprocidade e não-identidade — demonstram como a discussão acerca da justiça para com o futuro não pode ser conduzida nos termos do debate sobre a justiça entre contemporâneos. A literatura a este respeito é rica e oferece uma grande variedade de respostas.[120]

Suponhamos que as objeções acima enumeradas podem ser combatidas com sucesso e que podemos estabelecer a existência de deveres de justiça para com pessoas futuras. Fica, ainda, uma questão por responder: de que forma, se há alguma, é que a igualdade importa para a determinação dos nossos deveres de justiça?

Uma consideração a ter em conta é que as pessoas futuras devem ser tidas como igualmente importantes em relação às pessoas presentes. Aceitar esta premissa

---

[120] Ver, mais uma vez, os artigos mencionados na nota de rodapé anterior e as referências neles contidas.

pode ter implicações significativas, especialmente tendo em conta que é possível que um grande número de pessoas venha a existir no futuro. Atente numa estimativa feita por William MacAskill:

> Para ilustrar a escala potencial do futuro, imaginemos que duramos apenas o tempo habitual de uma espécie de mamíferos — isto é, cerca de um milhão de anos. Assumamos também que a nossa população continua com o mesmo tamanho. Sendo este o caso, nasceriam ainda oitenta triliões de pessoas; as pessoas futuras superar-nos-iam segundo um rácio de dez mil para um.[121]

Se esta estimativa estiver minimamente perto de estar correta e se cada uma das pessoas que compõem a enorme massa de pessoas futuras conta tanto quanto qualquer pessoa presente, que conclusões devemos tirar? Segundo Toby Ord, devemos preocupar-nos muito mais do que nos preocupamos atualmente com ameaças existenciais como guerras nucleares, alterações climáticas e impactos de asteroides.[122] Levar a sério a igual importância das pessoas futuras obrigaria, possivelmente, a que alocássemos mais fundos a iniciativas como a prevenção de impactos de

---

[121] MacAskill, *What We Owe the Future*, 10–11.

[122] V. Ord, *The Precipice: Existential Risk and the Future of Humanity*.

asteroides, mesmo que tal significasse retirar benefícios a pessoas presentes. Esta não é, contudo, uma conclusão óbvia. Como vimos ao longo do livro, existem várias formas de interpretar o ideal de expressar igual preocupação e respeito pelas pessoas, e, como tal, existe ainda muito trabalho por fazer no que diz respeito à aplicação deste ideal às relações entre pessoas presentes e pessoas futuras.[123]

---

[123] Para uma exploração útil, v. Wolf, «Intergenerational Justice and Equality».

Conclusão

Este livro começou com uma reflexão sobre o comentário de Ronald Dworkin acerca da condição do conceito de igualdade, que, à época da observação do filósofo americano, considerava «espécie ameaçada». Em certa medida, o mesmo é verdade hoje em dia, já que é hoje comum a ideia de que devemos preocupar-nos, sim, mas com a «equidade», ou qualquer outro valor. Sugeri, no entanto, que a preocupação com a igualdade, de uma ou outra forma, é inevitável.

O problema é que a igualdade é *esquiva*. Como vimos ao longo do livro, é muito difícil determinar exatamente que tipo de igualdade importa e porquê. Aliás, existem, de facto, vários tipos de igualdade. Por um lado, existem diferentes conceções daquilo a que chamámos igualdade *abstrata*. Distinguimos três: 1) igualdade formal ou a ideia de tratar casos semelhantes como tal; 2) igualdade moral ou a ideia de que todas as pessoas têm igual valor moral; e 3) igualdade expressiva ou a ideia de que o Estado deve expressar igual preocupação e respeito pelos seus membros. Vimos que uma ampla gama de teorias da justiça preenche os requisitos pedidos por estas conceções e que, nessa medida, todas integram a igualdade, no sentido abstrato, na sua arquitetura teórica.

Mas a igualdade pode ainda ser postulada de uma forma substantiva, que implica compromissos mais exigentes. Neste sentido, distinguimos duas formas de interpretar a igualdade substantiva: 1) a igualdade distributiva exige que as pessoas tenham a mesma quantidade de um bem particular, como bem-estar ou recursos; já a 2) igualdade social exige a eliminação de certas formas de hierarquia social e a presença de certos tipos de relações sociais igualitárias. Argumentei que a igualdade social é um ideal particularmente atrativo, e, no segundo capítulo, vimos as diferentes formas segundo as quais este ideal pode ser interpretado — como um ideal *interpessoal* ou *institucional*. No terceiro capítulo, examinámos diferentes perspetivas acerca da importância da igualdade social, considerando os apelos ao seu valor pessoal, impessoal, assim como as exigências da justiça. Por fim, no quarto capítulo, analisámos algumas questões relativas à igualdade e ao tempo, cuja literatura ainda se encontra em desenvolvimento.

Bibliografia

ANDERSON, Elizabeth, «What Is the Point of Equality?», *Ethics* 109, n.º 2 (janeiro de 1999): 287–337. DOI: 10.1086/233897.

———, «I—Elizabeth Anderson: Expanding the Egalitarian Toolbox: Equality and Bureaucracy», *Aristotelian Society Supplementary* 82, n.º 1 (2008): 139–160.

———, «Equality», in *The Oxford Handbook of Political Philosophy*, ed. por David Estlund, 40–57, Oxford: Oxford University Press, 2012.

———, e PILDES, Richard, «Expressive Theories of Law: A General Restatement», *University of Pennsylvania Law Review* 148, n.º 5 (2000): 1503.

ARENDT, Hannah, *The Origins of Totalitarianism*, Nova Iorque, Harcourt Brace Jovanovich, 1951. Terceira edição com novos prefácios, 1973.

ARISTÓTELES, *Política*, trad. de António Campelo Amaral e Carlos de Carvalho Gomes, Lisboa, Veja, 1998.

———, *Ética a Nicómaco*, trad. e notas de António C. Caeiro, Lisboa, Quetzal Editores, 2004.

ARNESON, Richard, «Democratic Equality and Relating as Equals», *Canadian Journal of Philosophy* 40, sup 1. (2010): 25–52.

BABEUF, Francis-Noël, e MARECHAL, Sylvain, «The Manifesto of Equality» (1796), in *Equality: Selected Readings*, ed. por Louis P. Pojman e Robert Westmoreland, 49–52, Oxford, Oxford University Press, 1997.

BIDADANURE, Juliana, «Better Procedures for Fairer Outcomes: Youth Quotas in Parliaments», *Intergenerational Justice Review* 7, n.º 2 (2015).

———, *Justice Across Ages: Treating Young and Old as Equals*, Oxford, Oxford University Press, 2021.

BOU-HABIB, Paul, «Distributive Justice, Dignity, and the Lifetime View», *Social Theory and Practice* 37, n.º 2 (2011): 285–310.

BROOME, John, *Weighing Goods: Equality, Uncertainty and Time*, Oxford, Wiley-Blackwell, 1991.

BURKE, Edmund, *Reflections on the Revolution in France*, Harmondsworth, Penguin Classics, 1987.

CAMPOS, André Santos, «Intergenerational Justice Today», *Philosophy Compass* 13, n.º 3 (2018): e12477.

———, «Infant Political Agency: Redrawing the Epistemic Boundaries of Democratic Inclusion», *European Journal of Political Theory* 21, n.º 2 (2019): 368–389.

CASAL, Paula, «Why Sufficiency Is Not Enough», *Ethics* 117, n.º 2 (2007): 296–326.

CASS, Devon, «The Priority of Liberty: An Argument from Social Equality», *Law and Philosophy* 40, n.º 2 (2021): 129–161.

———, «Positional Goods and Social Equality: Examining the Convergence Thesis», *Res Publica* 29, n.º 3 (maio de 2023): 501–520. DOI: 10.1007/s11158-023-09581-8.

COHEN, G. A., *Rescuing Justice and Equality*, Cambridge, MA, Harvard University Press, 2008.

———, *On the Currency of Egalitarian Justice, and Other Essays in Political Philosophy*, ed. por Michael Otsuka, Princeton, Princeton University Press, 2011.

CULLITY, Garrett, *Concern, Respect, and Cooperation*, Oxford, Oxford University Press, 2018.

DANIELS, Norman, *Am I My Parents' Keeper?: An Essay on Justice Between the Young and the Old*, vol. 20, Oxford, Oxford University Press, 1988.

DARWALL, Stephen, *The Second-Person Standpoint: Morality, Respect, and Accountability*, Cambridge, MA, Harvard University Press, 2006.

———, «Sentiment, Care, and Respect», *Theory and Research in Education* 8, n.° 2 (2010): 153–162.

DWORKIN, Ronald, *Taking Rights Seriously*, Cambridge, MA, Harvard University Press, 1978.

———, *Sovereign Virtue: The Theory and Practice of Equality*, Cambridge, MA, Harvard University Press, 2000.

———, *Equality: Address to Carnegie Council*, 2011. Consultável em: https://www.carnegiecouncil.org/media/series/39/20111206-justice-for-hedgehogs.

ELFORD, Gideon, «Equality of Status and Distributive Equality», *The Journal of Value Inquiry* 46, n.° 3 (2012): 353–367.

———, «Survey Article: Relational Equality and Distribution», *Journal of Political Philosophy* 25, n.° 4 (2017): e80–e99.

FEINBERG, Joel, *Social Philosophy*, Englewood Cliffs, Prentice-Hall, 1973.

FOURIE, Carina, «What is Social Equality? An Analysis of Status Equality as a Strongly Egalitarian Ideal», *Res Publica* 18, n.° 2 (2012): 107–126.

FRANKFURT, Harry, «Equality as a Moral Ideal», *Ethics* 98, n.° 1 (1987): 21–43.

FRICKER, Miranda, *Epistemic Injustice: Power and the Ethics of Knowing*, Oxford, Oxford University Press, 2007.

GHEAUS, Anca, «Child-Rearing With Minimal Domination: A Republican Account», *Political Studies* 69, n.° 3 (2021): 748–766.

GOSSERIES, Axel, «Qu'est-ce que le suffisantisme ?», *Philosophiques* 38, n.º 2 (2011): 465–491.

HANNAN, Sarah, «Why Childhood Is Bad for Children», *Journal of Applied Philosophy* 35, n.º S1 (2018): 11–28.

HARRIS, John, «The Survival Lottery», *Philosophy* 50, n.º 191 (1975): 81–87.

HART, Herbert L. A., *O Conceito de Direito*, trad. de A. Ribeiro Mendes, Lisboa, Fundação Calouste Gulbenkian, 2001.

KOLODNY, Niko, «Rule Over None II: Social Equality and the Justification of Democracy», *Philosophy & Public Affairs* 42, n.º 4 (2014): 287–336.

KYMLICKA, Will, *Contemporary Political Philosophy: An Introduction*, Oxford, Oxford University Press, 2002.

LIPPERT-RASMUSSEN, Kasper, *Relational Egalitarianism: Living as Equals*, Cambridge, Cambridge University Press, 2018.

———, «Is It Unjust That Elderly People Suffer from Poorer Health than Young People? Distributive and Relational Egalitarianism on Age-Based Health Inequalities», *Politics, Philosophy and Economics* 18, n.º 2 (2019): 145–164.

LOCKE, John, *Second Treatise of Government*, ed. por C. B. Macpherson, Indianápolis, IN, Hackett Publishing, 1980.

MACASKILL, William, *What We Owe the Future*, Londres, Oneworld, 2022.

MACLEAN, Doug, «Challenges to the Principle of Personal Good», in *Weighing and Reasoning: Themes from the Philosophy of John Broome*, ed. por Iwao Hirose e Andrew Reisner, Oxford, Oxford University Press, 2015.

MARMOT, Michael, *The Status Syndrome: How Social Standing Affects Our Health and Longevity*, Basingstoke, Palgrave Macmillan, 2007.

MCKERLIE, Dennis, «Equality and Time», *Ethics* 99, n.º 3 (1989): 475–491.

———, *Justice Between the Young and the Old*, Oxford, Oxford University Press, 2012.

Meyer, Lukas, «Intergenerational Justice», in *The Stanford Encyclopedia of Philosophy*, ed. por Edward N. Zalta, verão de 2021, The Metaphysics Research Lab, Universidade Stanford. Consultável em: https://plato.stanford.edu/archives/sum2021/entries/justice-intergenerational/.

Miklosi, Zoltan, «Varieties of Relational Egalitarianism», in *Oxford Studies in Political Philosophy*, ed. por David Sobel, Steven Wall e Peter Vallentyne, 110–136, Oxford, Oxford University Press, 2018.

Miller, David, «Equality and Justice», *Ratio* 10, n.º 3 (1997): 222–237.

Moles, Andres, e Parr, Tom, «Distributions and Relations: A Hybrid Account», *Political Studies* 67, n.º 1 (2019): 132–148.

Moreau, Sophia, «Discrimination and Subordination», in *Oxford Studies in Political Philosophy Volume 5*, ed. por David Sobel, Peter Vallentyne e Steven Wall, Oxford, Oxford University Press, 2019.

———, *Faces of Inequality: A Theory of Wrongful Discrimination*, Oxford, Oxford University Press, 2020.

Nath, Rekha, «Relational Egalitarianism», *Philosophy Compass* 15, n.º 7 (2020): 1–12.

Norman, Richard, «The Social Basis of Equality», *Ratio* 10, n.º 3 (1997): 238–252.

Nozick, Robert, *Anarchy, State, and Utopia*, Nova Iorque, Basic Books, 1974.

Nussbaum, Martha C., «Human Functioning and Social Justice: In Defense of Aristotelian Essentialism», *Political Theory* 20, n.º 2 (1992): 202–246.

O'Neill, Martin, «What Should Egalitarians Believe?», *Philosophy & Public Affairs* 36, n.º 2 (2008): 119–156.

ORD, Toby, *The Precipice: Existential Risk and the Future of Humanity*, Londres, Bloomsbury, 2020.

ORWELL, George, *Shooting an Elephant and Other Essays*, [*s. l.*], Harcourt, 1984.

PARFIT, Derek, «Equality and Priority», *Ratio* 10, n.º 3 (1997): 202–221.

———, «Equality or Priority?», in *The Ideal of Equality*, ed. por Matthew Clayton e Andrew Williams, 81–125, Basingstoke, Palgrave Macmillan, 2002.

PETTIT, Philip, *On the People's Terms: A Republican Theory and Model of Democracy*, Cambridge, Cambridge University Press, 2012.

PICKETT, Kate, e WILKINSON, Richard, *The Spirit Level: Why Equality Is Better for Everyone*, Londres, Penguin, 2010.

RAWLS, John, *A Theory of Justice*, Cambridge, MA, Harvard University Press, 1999.

———, *Justice as Fairness: A Restatement*, Cambridge, MA, Harvard University Press, 2001.

———, *Uma Teoria da Justiça*, trad. de Carlos Pinto Correia, Lisboa, Editorial Presença, 2001

ROUSSEAU, Jean-Jacques, *Do Contrato Social*, trad. de Hugo Barros, Lisboa, Edições 70, 2023.

[*S. n.*], «Demography – Elderly Population – OECD Data», *OECD*, [*s. d.*]. Consultado em 24 de abril de 2023. Consultável em: https://data.oecd.org/pop/elderly-population.htm.

SCANLON, T. M., «Rights, Goals, and Fairness», in *Public and Private Morality*, ed. por Stuart Hampshire, Cambridge, Cambridge University Press, 1978.

———, «Rawls on Justification», in *The Cambridge Companion to Rawls*, ed. por Samuel Freeman, 139–167, Cambridge, Cambridge University Press, 2002.

———, «The Diversity of Objections to Inequality», in *The Difficulty of Tolerance: Essays in Political Philosophy*, Cambridge, Cambridge University Press, 2003.

———, *Why Does Inequality Matter?*, Oxford, Oxford University Press, 2018.

SCHEFFLER, Samuel, «What Is Egalitarianism?», *Philosophy & Public Affairs* 31, n.º 1 (2003): 5–39.

———, «Choice, Circumstance, and the Value of Equality», *Politics, Philosophy & Economics* 4, n.º 1 (2005): 5–28.

———, «The Practice of Equality», in *Social Equality: On What It Means to Be Equals*, ed. por Carina Fourie, Fabian Schuppert e Ivo Walliman-Helmer, Oxford, Oxford University Press, 2015.

SCHEMMEL, Christian, «Why Relational Egalitarians Should Care About Distributions», *Social Theory and Practice* 37, n.º 3 (2011): 36–90.

———, *Justice and Egalitarian Relations*, Oxford, Oxford University Press, 2021.

SEN, Amartya, «Equality of What?», in *The Tanner Lecture on Human Values*, I, 197–220, Cambridge, Cambridge University Press, 1980.

———, *Commodities and Capabilities*, Amesterdão, North-Holland, 1985.

———, *Inequality Reexamined*, Oxford, Clarendon Press, 1992.

SHIFFRIN, Seana, «Incentives, Motives, and Talents», *Philosophy & Public Affairs* 38, n.º 2 (2010): 111–142.

———, «Democratic Law», *The Tanner Lectures on Human Values*, 2017. Consultável em: https://tannerlectures.utah.edu/_resources/documents/a-to-z/s/Shiffrin%20Manuscript.pdf.

TEMKIN, Larry S., *Inequality*, ed. por Louis P. Pojman e Robert Westmoreland, Oxford, Oxford University Press, 1993.

TOMLIN, Patrick, «What Is the Point of Egalitarian Social Relationships?», in *Distributive Justice and Access to Advantage*, ed. por Alexander Kaufman, 151–179, Cambridge, Cambridge University Press, 2014.

UMBERS, Lachlan Montgomery, «Enfranchising the Youth», *Critical Review of International Social and Political Philosophy* 23, n.º 6 (2018): 732–755.

VAN PARIJS, Philippe, «The Disfranchisement of the Elderly, and Other Attempts to Secure Intergenerational Justice», *Philosophy & Public Affairs* 27, n.º 4 (1998): 292–333.

VOIGT, Kristin, «Relational Equality and the Expressive Dimension of State Action», *Social Theory and Practice* 44, n.º 3 (2018): 437–467.

WALDRON, Jeremy, *One Another's Equals: The Basis of Human Equality*, Cambridge, MA, Harvard University Press, 2017.

WEBER, Michael, «Prioritarianism», *Philosophy Compass* 9, n.º 11 (2014): 756–768.

WILLIAMS, Bernard, «The Idea of Equality», in *Problems of the Self: Philosophical Papers 1956–1972*, 230–249, Cambridge, Cambridge University Press, 1973.

WOLF, Clark, «Intergenerational Justice and Equality», in *The Oxford Handbook of Intergenerational Ethics*, ed. por Stephen M. Gardiner, Oxford, Oxford University Press, 2021. DOI: 10.1093/oxfordhb/9780190881931.013.9.

YOUNG, Iris Marion, *Justice and the Politics of Difference*, Princeton, Princeton University Press, 1990.